**MARÍA MARTÍN BARRANCO**

Feminista impenitente e impertinente. Motrileña sin acreditación y albondonera con papeles. Hija, hermana, madre, licenciada en Derecho y compañera, en ese orden cronológico. Pragmática y llena de contradicciones. Amante de las teorías feministas, preocupada por la práctica personal del feminismo y la dureza de las consecuencias íntimas de los patriarcas interiores. Aficionada desde niña a los diccionarios, las palabras y los medios de comunicación, en los que colabora de forma habitual. Sus especialidades profesionales son la evaluación de impacto de género; el análisis y detección de necesidades en el ámbito de la igualdad, y el desarrollo y puesta en práctica personalizada de medidas de igualdad de género en entidades públicas y privadas. Tiene quince años de experiencia como formadora en diversas áreas de los estudios de género para organismos públicos y privados; grupos políticos, judiciales y de la sociedad civil en España y Latinoamérica. En los últimos diez años ha sido docente y conferenciante en diversas universidades españolas y mexicanas. También ha participado como colaboradora en prensa, tertulias y diversos programas radiofónicos. En Los Libros de la Catarata también ha publicado *Ni por favor ni por favora* (2019, 4ª ed.) y *Mujer tenías que ser* (2020, 2ª ed.)

María Martín Barranco

# Punto en boca

(ESTO NO ES UN MANUAL DE LENGUAJE INCLUSIVO)

DISEÑO DE CUBIERTA: MARTA GARCÍA

© MARÍA MARTÍN BARRANCO, 2022

© LOS LIBROS DE LA CATARATA, 2022
FUENCARRAL, 70
28004 MADRID
TEL. 91 532 20 77
WWW.CATARATA.ORG

PUNTO EN BOCA.
(ESTO NO ES UN MANUAL DE LENGUAJE INCLUSIVO)

ISBN: 978-84-1352-398-9
DEPÓSITO LEGAL: M-2.922-2022
THEMA: CGB/JBSF11

IMPRESO POR ARTES GRÁFICAS COYVE

ESTE LIBRO HA SIDO EDITADO PARA SER DISTRIBUIDO. LA INTENCIÓN DE LOS EDITORES ES QUE SEA UTILIZADO LO MÁS AMPLIAMENTE POSIBLE, QUE SEAN ADQUIRIDOS ORIGINALES PARA PERMITIR LA EDICIÓN DE OTROS NUEVOS Y QUE, DE REPRODUCIR PARTES, SE HAGA CONSTAR EL TÍTULO Y LA AUTORÍA.

*Para Ángela, que era mi hermana desde siempre y ahora es mis ojos y mis manos. Para Carlos, que llegó demasiado tarde y ahora me da el tiempo que necesito. Para mi familia, que me ha hecho quien soy. Para quienes me leen, porque me dan el valor que no tengo. Para la vida, por seguir aquí.*

# ÍNDICE

BREVE (AUNQUE NO DULCE) INTRODUCCIÓN AL CAOS  9

CAPÍTULO 1. EN EL PRINCIPIO FUE EL VERBO
(CON SU SUJETO, SUS COMPLEMENTOS...)  13

CAPÍTULO 2. LENGUA MATERNA NO HAY MÁS QUE UNA
(Y A TI TE ENCONTRÉ EN LA RAE)  29

CAPÍTULO 3. NO PIENSES EN UN SEÑORO.
¿HABLAMOS DE INVISIBILIZACIÓN?  45

CAPÍTULO 4. DIME CÓMO NOMBRAS Y TE DIRÉ CÓMO VALORAS.
LO DE LA JERARQUIZACIÓN  68

CAPÍTULO 5. MÁS VALE BUENO POR CONOCER QUE MALO
CONOCIDO. O CÓMO NO PERPETUAR EL MARCO CONCEPTUAL
DISCRIMINATORIO  83

CAPÍTULO 6. OBRAS SON AMORES Y NO MUCHAS VOCALES  99

CAPÍTULO 7. LA NO DISCRIMINACIÓN SE DEMUESTRA PENSANDO
(ANTES DE HABLAR O ESCRIBIR)  111

**CAPÍTULO 8. LA PRÁCTICA HACE LA LENGUA 120**
    En los textos literarios 122
    En los textos escolares 130
    En las redes sociales 132
    En las campañas publicitarias 139
    En el periodismo 145
    En la práctica jurídica 150

**CAPÍTULO 9. TRADUCIENDO A MI (TU, SU, NUESTRO, VUESTRO) SEÑORO INTERIOR 157**
    Frío, frío 162
    Caliente, caliente 164
    Algunos ejemplos para sustituir el masculino genérico 170
    Cambiar el lenguaje para cambiar el mundo 173

# BREVE (AUNQUE NO DULCE) INTRODUCCIÓN AL CAOS[1]

> Cuando la mujer habla, da nombre a su propia opresión.
>
> MARTHA ROSLER

Leí en cierta ocasión que empezar un libro con una negación es mala idea. A veces, sin embargo, necesitas delimitar el contenido y, ¿dónde mejor que en las primeras líneas? Por lo tanto, y a pesar de que quizás no sea la mejor opción, allá va.

Este no es un libro para convencer a nadie sobre la importancia del lenguaje. Si crees que da igual usar una palabra que otra, que no hay diferencia entre decir "despidos masivos" y "reestructuración de plantilla", este libro no es para ti.

Este tampoco es un libro para acusar a nadie ni regañar por nada. Si crees que ser consciente de las discriminaciones que se reproducen mediante el lenguaje es ideología, pero reproducirlas acríticamente no es ideológico, este libro no es para ti.

Este libro no es, ni mucho menos, para imponer modos de hablar. Si crees que aportar herramientas para que la sociedad avance hacia la igualdad también mediante el lenguaje, censura tu derecho a discriminar, este libro no es para ti.

Este libro no funciona como varita mágica con una lista de cambios rápidos de algunas palabras por otras que sirvan para todo y te permitan hablar de forma no sexista, incluyente, rápida y eficaz con solo leerlo. Ojalá, pero no.

---

[1]. Un guiño para fans de Extremoduro, que, al fin y al cabo, jugó con las vocales para poner nombre a su banda.

Este libro sí es (¡al fin!) para pensar sobre cómo hablas. Para que te preguntes por qué eliges unas palabras y no otras. Qué no nombras y si hay algún motivo lingüístico (o de otra clase) para ello. Para que, en el proceso de hacerlo o una vez elegidas, encuentres alternativas que te permitan decir exactamente lo que quieres sin discriminar a las mujeres, a colectivos minoritarios, a personas con discapacidad, a nadie. No todas las herramientas valdrán siempre porque las alternativas serán tantas o tan pocas como el contexto lo permita. Hablaremos mucho de contexto, porque el contexto es casi el total. Lo que corresponde al "casi" lo pone el objetivo. No vas a hablar igual siempre, estés con quien estés. Podrás permitirte o no ciertas licencias dependiendo del momento, de a quién te dirijas, de qué desees conseguir: ¿que te escuchen con naturalidad? ¿Que reflexionen? ¿Que sientan un golpe de rechazo en la boca del estómago?

Cuando la gramática de la lengua deja de ser una serie de normas comunes que nos facilitan aprender y transmitir para convertirse en una tirana que exige pleitesía, algo está fallando.

Y creo que no hay nadie que pueda decir que no se le ha exigido ese obedecer sin pensar alguna vez. A lo largo del ciclo educativo, en el trabajo, en alguna relación, con alguna amistad tóxica. Sin embargo, una de las principales funciones de la gramática es explicar el funcionamiento de la lengua, que sea posible acudir a ella cuando tengamos duda, no imponerla como un código cuyo incumplimiento pueda o deba acarrear una sanción.

Cuando tienes la certeza de que si hablas se te ridiculizará, se te denigrará, se te dirá que eres ignorante (¿quién no lo es en mil y un temas?), ridícula, malintencionada, hablar exigirá un esfuerzo mucho mayor. Cuando desde que aprendes a hablar interiorizas que perteneces a una categoría secundaria, que solo merece ser nombrada a veces, que nunca se identifica con lo genéricamente humano, levantar la voz y decir "no me cuentes cuentos" no es sencillo.

Cuando desde que aprendes a hablar interiorizas que perteneces a una categoría —la masculina— cuyos intereses coinciden con los del género humano y que cualesquiera otros son accesorios y prescindibles, desplazar tu punto de vista del centro en el que estás a la periferia a la que se aboca al resto supongo que tampoco es fácil.

Emplear el tiempo propio dando explicaciones de por qué usamos las palabras que nos da la gana para contar el mundo y recibiendo insultos si nos la damos (y si las damos, también) es algo que solo se exige a las feministas.

Las instituciones lingüísticas no solo quieren que las obedezcamos, quieren que les demos la razón y nos demos punto en boca[2]. Quieren que hablemos como dicen (y nos hacen saber las consecuencias a las que se nos someterá si no lo hacemos) y, además, que digamos que lo hacemos porque queremos. El temor de ser ridiculizadas, insultadas, sancionadas —en determinados contextos—, ¿por qué iba a influir en la cantidad de gente que se aferra a hablar como Dios (que diga, como la RAE) manda?

Empecemos, al menos, por reconocer que no queremos hablar así, que deseamos buscar otras maneras de contar el mundo, la vida, las relaciones, lo que las mujeres y los hombres somos. Para quienes ya lo han reconocido sí es este libro. Un libro con ideas, propuestas, razones. ¿Hay otras distintas? Sí. ¿Son mejores? Solo puedes decidirlo tú respondiendo a una pregunta: ¿Las palabras que usas ahora te sirven para contar, reflejar y construir el mundo que quieres?

Si la respuesta es no, te espero en la siguiente página.

Si la respuesta es sí, no me importa que llegues un poco antes.

Hacer saber qué nos pasa a las que levantamos la voz y tomamos la palabra para nombrarnos es un proceso aleccionador. "Mira, serás de esas, de las histéricas, de las *odiahombres*". Después, se toma como muestra a esas mujeres aleccionadas y se las pone de ejemplo: "Pues yo tengo una amiga que se siente representada en el masculino genérico". Pues claro, ¿cómo no? Es lo que ha aprendido desde la niñez. Que se sienta no quiere decir que esté. Porque si se llama masculino, es por algo. Que se haya añadido la coletilla de "genérico", no lo hace genérico. Ella se siente

---

2. Expresión que indica, según el *Diccionario de uso del español* de María Moliner: 'Permanecer callado deliberadamente. No decir o divulgar cierta cosa que se sabe'.

incluida sin estar, yo no me siento incluida porque no estoy, ¿y lo raro es lo mío?

Este libro quiere ahorrarte tiempo, proporcionarte seguridad, reunir trucos y consejos que no siempre se encuentran con facilidad, recopilar mi experiencia y ponerla a tu servicio.

Con humildad e irreverencia.

Veremos si lo consigo.

CAPÍTULO 1
# EN EL PRINCIPIO FUE EL VERBO
## (CON SU SUJETO, SUS COMPLEMENTOS...)

> La noción de poner nombre a algo es la idea generadora más descomunal que se haya concebido jamás[3].
>
> SUSANNE LANGER

Dice la Biblia que "En el principio, fue el verbo". Independientemente de que creamos o no que ese es un libro sagrado inspirado por alguna divinidad, lo cierto es que llegó hasta nuestros días por mano humana. Escrito por "la mano del hombre", traducido por la mano "del hombre". Lo cual, de acuerdo con el *Diccionario de la lengua española* no quiere decir que lo escribiera un varón, sino que lo hizo un ser animado racional, varón o mujer. Aunque no sabemos si ese ser animado racional era mujer. O si en ese proceso hubo mujeres.

Cuando hice mi educación primaria (entonces se llamaba EGB —Educación General Básica—) aprendí —imagino que como cualquiera que aprenda español, lo haga en Tegucigalpa o en Granada—, las vocales, el abecedario, las conjunciones, las preposiciones, las conjugaciones verbales con sus tiempos y sus formas regulares e irregulares, las reglas de la ortografía, el análisis sintáctico y morfológico. Eso era así y no te explicaban por qué. Era así. Y punto.

Que decir *anduve* en lugar de *andé* desafiara las reglas de tu lógica no era una cuestión que importara a nadie. Que pudieras decir *hubiera* o *hubiese* y ahí sí te dejaran elegir no era consuelo. Aprender normas está bien. Sabes a qué atenerte. Y, ay de ti si no

---

[3]. Susanne Langer es una filósofa de la mente y el arte norteamericana muy interesada en la relación entre señales, signos y símbolos.

tildabas el *ti*, no sabías distinguir entre *sólo* y *solo*, entre *aquél* y *aquel*, entre *ésta* y *esta*. Saber para nada, porque ahora o no se tildan o es voluntario. Voluntario. No como nombrar a las mujeres, que no solo no es voluntario, sino que está desaconsejado si hay varón presente.

En aquellos días, si decías *yo y mi amiga* te reprendían: "El burro delante para que no se espante", para que aprendieras que no debías de nombrarte en primer lugar anteponiéndote al resto de personas nombradas porque es una falta de educación. No una incorrección gramatical, pues la norma lo admite aunque no lo recomiende. Que eso desafiara el hecho de que unos hombres decidieran establecer como norma que "en habiendo uno" se le nombraría delante siempre tampoco parecía tener importancia alguna. Porque, aunque parezca irreverente, en realidad, es de Perogrullo decir que el que el masculino vaya en primer lugar —y por eso los diccionarios se saltan el orden alfabético y en sus lemas dicen, por ejemplo, *clásico*, *ca*; *niño*, *ña* o *ingenuo*, *nua*— es hacer obligatorio que el burro vaya delante. No porque lo hombres sean burros —que alguno habrá, para qué os voy a engañar—, sino porque fueron ellos y solo ellos quienes eligieron de todos los modos de hablar de su tiempo los que les parecieron adecuados para representar la norma que consideraron "ejemplar" de acuerdo con su visión del mundo. Y no eran hombres cualesquiera. Eran nobles, cultos, ricos, cortesanos. Y lo eran en un mundo en el que las mujeres tenían vetado no ya el acceso a la Academia, sino a la formación superior, a la voz pública, a muchos derechos elementales.

Hasta el siglo XVIII, pues, no hubo intentos de establecer normas para el español; se recogían usos, se escribía como se hablaba según las zonas.

Porque la Academia, no lo olvidemos, fue fundada por don Juan Manuel Fernández Pacheco y Zúñiga, por nacimiento Juan Manuel María de la Aurora Fernández Pacheco Acuña Girón y Portocarrero, VIII marqués de Villena, VIII duque de Escalona, VIII conde de Xiquena, XII conde de San Esteban de Gormaz, X marqués de Moya —grande de España y caballero de la Insigne Orden del Toisón de Oro—, y no acaba ahí la cosa: virrey y capitán general de los reinos de Navarra, Aragón, Cataluña, Sicilia y Nápoles, y mayordomo mayor del rey Felipe V. Quedó huérfano, según nos cuenta la propia RAE en su web, y bajo la tutela de su tío, el obispo de Cuenca, Juan Francisco Pacheco.

No era un Manuel Martín cualquiera (y nadie se ofenda, que Martín y Manuel era mi padre). Es desde ahí desde donde partimos. Y ese origen no se puede modificar. De los muchos usos, modos y hablas solo algunos se consideraron dignos de llegar a la gramática de la lengua castellana. No hay pretensión de borrar con efecto retroactivo esa parte de la historia de nuestra cultura. Sí podemos, en cambio, tomar conciencia de que la Academia ha evolucionado —poco y casi siempre quedándose corta— y lo hará cada vez más rápido si participamos de forma activa y constructiva en esos cambios.

Hasta 1951, año en el que se creó la Asociación de Academias de la Lengua Española (ASALE), la Academia daba prácticamente la espalda al español hablado fuera de España a la hora de fijar "la norma común sobre léxico, gramática y ortografía para todos los hispanohablantes"[4] (y al de dentro, añado yo, pues siempre se ha considerado "mal hablado" el propio de muchas de sus regiones).

Todas esas normas que aprendí, que aprendimos, y que parecían llegadas desde algún tipo de tabla de la ley divina, resultaron ser mucho menos inamovibles de lo que (no) nos contaban en el cole. Cuando mi hijo (no digo su nombre porque aprecia en extremo su privacidad) aprendía ortografía unos años después habían cambiado el abecedario, las preposiciones. Cuando el hijo de mi pareja (Néstor, hola), repasaba Lengua unos años después, habían cambiado las conjunciones. Y cuando mis sobrinos (tres, y si habéis leído alguno de mis libros ya los conocéis: Hugo, Álvaro y Cayetano, por orden de llegada al mundo) repasaban sus lecciones habían vuelto a cambiar las normas de la ortografía. Hoy, *guion* anda desamparado sin su tilde porque es, nos explican, monosílabo a efectos ortográficos. Tal y como las mujeres somos invisibles a efectos gramaticales en el momento en que aparezca macho en el horizonte. Digo macho y no varón porque incluso los animales nos imprimen su masculino. Y habría que decir, por ejemplo *Mis*

---

4. La historia de la Real Academia Española se puede consultar en la página web de la RAE.

*hermanas, mi burro y yo fuimos los cuatro... Los cuatro. Porque hay un burro. ¿Será el burro ese que va delante para que no se espante? Chi lo sa...* Tampoco sabemos si entre los numerosos "anónimos" de la literatura medieval había "anónimas". Aunque es más que posible dado que, siempre que aplicamos una lupa y buscamos mujeres allá donde el actual masculino genérico y la visión androcéntrica del mundo las escondan, las encontramos en todos los momentos, en todos los quehaceres. Si ahora tenemos que decir *Nombren a las mujeres,* ¿tenían que decirlo las que nos precedieron? ¿Desde cuándo las mujeres hemos estado excluidas por mecanismos lingüísticos?

Sé que alguien dirá: "No confundas sexo con género gramatical, no es por animal, ni por macho, es por ser de género gramatical masculino". ¿Y quiénes confundieron sexo con género al hacer que la norma recogiera el uso, habitual pero no exclusivo, del género gramatical masculino para referirse a grupos de personas de los dos sexos? ¿O al decidir que la definición de *hombre* fuera: 'ser animado racional varón o mujer' y no la de *mujer* 'ser racional mujer o varón'?

Cuando nos dicen que confundimos sexo y género se obvia, o no se supo nunca, que la primera *Gramática* de la RAE (1771) defendía dos únicos géneros así:

El primero (masculino) conviene a los hombres y animales machos; y el segundo (femenino) a las mujeres y animales hembras. Estos son los primitivos, y verdaderos nombres de género masculino, y femenino, porque su significación distingue los dos sexos[5].

La trascripción al castellano actual y los paréntesis aclaratorios son míos. La puntuación es la original.

Asimismo hay objetos inanimados que tienen, en las palabras que los representan, un género que —nos dicen— se ha asignado por necesidades puramente gramaticales. Tenemos *el micrófono* y

---
5. *Gramática de la lengua castellana* (1771). Parte I, Cap. III, Art. IV. Del género de los nombres. Se puede consultar en la Biblioteca Virtual Miguel de Cervantes.

la zapatilla, por ejemplo. El altavoz y las pantuflas. El barco y la barca. El árbol y la fruta. El cometa y la cometa. El cosmos, los planetas, la naturaleza. Los días de la semana, las emociones. Y es absoluta casualidad que *el micrófono* y *el altavoz* den voz y *las zapatillas* y *las pantuflas* sean para casa (y *los zapatos* para la calle). Que *el barco* sea grande y *la barca* pequeña, que *el cometa* sea un cuerpo celeste y *la cometa* un juguete; que *el cielo* al que aspiramos sea masculino y *la tierra* que nos acoge femenina; que lo que nos da orden como *los días*, *los meses* y *los años* sean masculinos y *las emociones* mayoritariamente femeninas (y las masculinas, cuando las hay, sean negativas: *el asco*, *el miedo*, *el odio*, *el disgusto*, *el desprecio*...). Siempre casualidad que nombres como Dolores, Angustias, Consolación, Consuelo, Soledad, Amparo o Esperanza sean femeninos y continúen en pleno siglo XXI entre los cien más empleados y apenas haya parejos masculinos y el único que entra en esa lista de cien preferidos sea Salvador.

El género como "accidente" gramatical existe, en las lenguas en las que existe, como una huella de las sociedades que moldearon la lengua. La huella de hoy quizás no quede en la lengua que hablemos la próxima semana, pero estará en la del futuro. Y es un afán cerril por quienes tienen como tarea recoger esos usos y dar fe de ellos (la Academia) pretender que caminemos hacia el siglo XXII con unos zapatos hechos en el siglo XVIII conforme a un modelo del XV o el XVI. La forma por la forma.

Porque esto del "masculino genérico" no ha sido siempre así, como se suele creer. Ni ha estado anatemizado —apenas hasta hace un rato, 2001— el nombrar mujeres y hombres de manera independiente (que no duplicada, pues nombrar cosas distintas no puede ser nunca duplicar, ni hacerlo ser innecesario, como se empeña en repetir la gramática "oficial").

Y no solo no siempre fue así, es que en puridad —un poco más adelante, en "No pienses en un señoro" veremos cómo en la actualidad la propia RAE lo reconoce en su *Gramática*— hoy tampoco lo es. Las excepciones gramaticales a la supuesta regla suprema del masculino usado como genérico son muchas y —esto ya lo digo yo—, van a ser cada vez más porque el masculino que la RAE llama a veces *genérico* y a veces *inclusivo* (sí, sí, que a ratos lo llaman así)

17

ha dejado de tener, para una buena parte de quienes hablamos español, función genérica. La flexión de géneros gramaticales femenino y masculino fue habitual a lo largo de los siglos. Al menos, eso reflejan textos históricos de los que dejo algunas muestras.

En la *Carta Puebla de Requena*[6], conocida como el *Fuero de Requena*, dada por el monarca Alfonso X en Atienza, el día 4 de agosto de la era de 1295 (1257 de nuestro cómputo cronológico tras la imposición del calendario gregoriano —porque podemos dejar atrás los cómputos cronológicos, los husos horarios, las dinastías monárquicas, todo, menos el masculino genérico. Hasta ahí podíamos llegar), el masculino solo era usado como genérico en algunas ocasiones. Os recojo algunas normas de convivencia especificadas en dicho Fuero:

Para el uso de los baños públicos:

[…] et ningún varon nin muger non de mas de una meaja[7] por la entrada del vanno, et de los sirvientes así de los varones como de las mujeres non den nada.

([…] y ningún varón ni mujer dé más de una meaja por la entrada del baño, y de los sirvientes, así de los varones como de las mujeres, no den nada [la transcripción es mía]).

Y no es una excepción. Al hablar de la herencia, la filiación o la responsabilidad habla del "padre o la madre" o "padre o madre", y si se dice "su padre" se refiere al hombre y "sus padres" no aparece como genérico englobador de *madre y padre*. Cuando habla de bodas dice "cuando el padre o la madre hicieren bodas a sus hijos o a sus hijas".

En el *Cantar de mio Cid*[8] —y estamos hablando del siglo XII-XIII— se usaban tanto el sentido genérico como el específico del masculino y, si podía caber alguna duda, se desdoblaba

---

6. Recogida por Diana Cabello Muro en *Oleana: Cuadernos de Cultura Comarcal*, núm. 29, 2015, págs. 27-60. *Carta puebla*. Libro I, título II. 21. *Del vanno e del su coto*.
7. La *meaja* es una moneda de vellón de escaso valor de donde viene nuestra expresión *miaja*.
8. Se puede consultar en la Biblioteca Virtual Miguel de Cervantes.

habitualmente. La lengua aún no tenía una norma y, para entendernos, lo que se usaba era una especie de latín mal hablado que en cada lugar se escribía de formas variables. Decían "mujeres y varones" (con el femenino delante), "burgueses y burguesas" (con el femenino detrás), por ejemplo.

En los permisos para ejercer oficios que se concedieron después en el recién incorporado territorio del Reino de Granada a la Corona de Castilla, en la "Carta de merced del oficio de Alcaide de las juglaras y juglares de Granada a favor de Ayaya Fisteli, conforme usaron tal cargo los alcaides nombrados por los Reyes Moros"[9] en documento de 13 de febrero de 1492, vemos "juglaras e juglares" así, con el femenino delante y "dichas juglaras y juglares", concordando por cercanía y no con el masculino, como si fueran feministas; y "joglaras y joglares", donde apreciamos que la palabra no se había fijado aún y en un mismo documento se escribía de dos modos. El uso en femenino y masculino era usual, algo que podemos ver, otra vez, en la firma: "Yo el Rey, yo la Reyna".

El 31 de marzo de 1492 Isabel de Castilla y Fernando de Aragón firmaron el "Decreto de expulsión de los judíos"[10]. Se usaba el masculino como genérico, y, del mismo modo se decía: "A todos los judios hombres y mujeres de cualquier edad, acordamos de mandar salir todos los dichos judios y judias de nuestros reynos, por la qual mandamos a todos los judios y judias de qualquier edat que sean que partan con sus hijos e hijas", o "Y hemos ordenado que ninguna persona en nuestro reinado sin importar su estado social incluyendo nobles que escondan o guarden o defiendan a un Judio o Judia". En el de expulsión de los moriscos se decía "moros y moras" y, además, se especificaban edades, ellos con más de 14 y ellas si tenían más de 12. Pero "moros y moras".

En las Capitulaciones de Santa Fe[11] —ya estamos a finales del siglo XV, pues se suscribieron un 17 de abril de 1492— tras la entrega de la ciudad de Granada a Isabel y Fernando (que como tanto

---
9. Universidad de Granada, *Gazeta de Antropología*, 1983, 2, artículo 08.
10. Edicto de Granada. Decreto firmado y aprobado por los Reyes Católicos por el que los practicantes del judaísmo debían abandonar tierras castellanas antes del 31 de julio de 1492. Se puede consultar en la página web de EcuRed.
11. Capitulaciones del Almirante don Cristóbal Colón o "de Santa Fe". Se puede consultar en la página web del Ministerio de Cultura y Deporte.

montaban, montaban tanto y por eso nombramos a una y otro) se decía que para ir con Colón se designarían "tres personas de cada oficio", no decía "tres hombres". Y eran, de nuevo, firmadas como "Yo, el Rey. Yo, la Reyna" y "Por mandato del Rey e de la Reyna: Johan de Coloma".

Por aquellos años de 1492, Antonio de Nebrija, autor de la primera gramática castellana, decía que el género en el nombre es "aquello por lo que el macho se distingue de la hembra".

Por el género, "el macho se distingue de la hembra, i el neutro de entrambos" (*GC*, fol. 33 v). Los géneros son siete, el masculino, "aquel con que se aiunta este artículo *el*" (*GC*, fol. 33 v) (*el libro*); el femenino, "aquel con que se aiunta este artículo *la*" (*GC*, fol. 33 v) (*la carta*); neutro, "aquel con que se aiunta este artículo *lo*" (*GC*, fol. 33 v) (*lo bueno*); común de dos, "aquel con que se aiuntan estos dos artículos *el*, *la*" (*GC*, fol. 33 v) (*el testigo*, *la testigo*); común de tres, "aquel con que se aiuntan estos tres artículos *el*, *la*, *lo*" (*GC*, fol. 33 v) (*el fuerte*, *la fuerte*, *lo fuerte*); dudoso, "aquel con que se puede aiuntar este artículo *el* o *la*" (*GC*, fol. 33 v) (*el color*, *la color*); y mezclado, "aquel que debaxo deste artículo *el* o *la* significa los animales machos i hembras" (*GC*, fol. 33 v) (*el ratón*, *la paloma*). La RAE, en las primeras ediciones de su *Gramática*, no prestó mucha atención al asunto, como veremos en capítulos posteriores.

Por 1554 *El Lazarillo de Tormes*[12] decía:

> Y a tomar la bula hubo tanta prisa, que casi ánima viviente en el lugar no quedó sin ella: marido y mujer, y hijos e hijas, mozos y mozas.

Parece que estas modas feministas vienen de lejos, oigan.

Si conocemos a las mujeres que el feminismo ha traído a la luz tras las sombras de la Historia, sabemos cómo esto no sucedía y sucede solo dentro de España. Christine de Pizan, en el siglo XIV, exigía que las mujeres pudieran hacer públicamente lo que sabían hacer y hacían en privado, u Olympe de Gouges en el XVIII, que, ante la declaración francesa de los "Derechos del hombre y del ciudadano" se dio por aludida, porque ya se había creído lo del "genérico", pero no lo estaba, pues los derechos reconocidos por

---

12. Se puede consultar en la Biblioteca Virtual Miguel de Cervantes.

la Revolución francesa lo eran solamente para los varones. En el siglo XVIII el uso torticero de una herramienta lingüística por la ideología política que excluía a las mujeres de la toma de decisiones generales ya era un hecho. Y es sobre la lengua francesa sobre la que tenemos más datos. Según recoge Sara Lovera respecto de la lengua francesa en su artículo "La lengua, vehículo del pensamiento":

En la Edad Media, la forma masculina no se consideraba suficiente para dirigirse a hombres y mujeres en los discursos pregonados en las plazas públicas. Se decía "iceux et icelles" [aquellos y aquellas] así como "tuit et toutes" [todos y todas]. Se podía decir "mairesse" [alcaldesa] en el siglo XIII; "commandante en chef" [comandanta] e "inventeuse" [inventora]; en el siglo XV; "lieutenante" [tenienta] en el siglo XVI; "chirurgienne" [cirujana] en 1759. Sin embargo, la jerarquía que hoy se discute por el uso del género masculino para designar a las personas de ambos sexos se remonta al siglo XVII, cuando en 1647, el gramático francés Claude Favre de Vaugelas declara que "la forma masculina tiene preponderancia sobre la femenina, por ser más noble". La elección del masculino, recomendada por este gramático ni era una decisión neutral ni pretendía serlo.

Es de esa fuente —la Academia francesa— de la que bebe la Academia española. También de la Academia italiana, que había creado un idioma y lo había "impuesto" a una población que hablaba (y habla) tantos dialectos como regiones tenía. Un masculino impuesto y un habla "correcta" impuesta fueron las que inspiraron a la Academia española en sus primeros pasos. No lo digo yo, lo dice la RAE cuando habla de sus orígenes[13].

Un poco antes (alrededor de 1560) Antonio del Corro establece unas *Reglas gramaticales para aprender la lengua española y francesa*[14] y plasma esa idea de que para generar el femenino se cambia la *o* por una *a*.

---
13. Real Academia Española: "Juan Manuel Fernández Pacheco: fundador de la RAE y primer director de la Academia", 7 de abril de 2021.
14. Recogido por Mª Ángeles Calero Fernández, "La relación género gramatical-sexo biológico desde Nebrija hasta 1771", *Nebrija V centenario: actas del Congreso Internacional de Historiografía Lingüística*, vol. 3, Universidad de Murcia, pp. 121-140.

Apenas hay estudios al respecto para el castellano, o los que se hacen se hacen para justificar su uso como inmemorial por quienes hoy lo defienden y se echan las culpas al protoindoeuropeo, que ahí es nada. Sin embargo, la RAE calca el funcionamiento y estatutos de la Academia francesa, que allí dirige el cardenal Richelieu y aquí la nobleza afín al recién llegado primer Borbón y que deseaba para su asociación privada el título de "Real" con todos los beneficios que ello conllevaba (muchos de los cuales permanecen hoy). No voy a extenderme mucho más en esta mirada histórica, ni meterme en los jardines borbónicos porque eso sería otro libro.

Entonces, ¿en qué quedamos? ¿Tenemos que mirar hacia atrás, hacia adelante? La verdad es que depende. Como vemos, ese argumento de que "siempre ha sido así" y "venimos a romper el idioma" no es tal, es una falacia. Tenemos que saber que la lengua española ha nombrado de forma expresa a las mujeres durante muchos siglos de existencia y que, junto al masculino empleado como genérico en casos en los que la ambigüedad no era posible (generalmente porque las mujeres tenían prohibición directa o de acceder a muchos derechos y espacios), nombrar a mujeres y hombres o mujeres y hombres, en uno y otro orden y concordando por cercanía, era tan usual como hoy lo es el impuesto masculino genérico. Y lo era en la lengua culta, en oficios, en decretos, en literatura. Y se dejaron a un lado esos usos y, para hacer una norma, eligieron, de todos, unos cuantos.

Lo mismo sucedió con los Evangelios de la Biblia: se incluyeron aquellos acordes a la visión que la religión católica quería dar al mundo de "su" Mesías. Los otros, tan contemporáneos o más que aquellos, tan ciertos o tan falsos, se dejaron fuera y hoy se consideran "apócrifos". Es decir, fuera del canon. Y aquella elección no fue puramente lingüística, como también se nos repite una y otra vez. Fue social, fue política, fue ideológica.

La falacia de la supuesta "neutralidad y objetividad" de la gramática, de la lingüística —y, por extensión, de la Academia—, es otra de las muchas que tenemos que sortear para utilizar un lenguaje que no discrimine sin el miedo constante a la sanción académica, al descrédito público, a la incorrección gramatical con las identificamos casi automáticamente el lenguaje no sexista y el lenguaje inclusivo.

No es el objetivo de este libro desmontar estas falacias, aunque aparecerán alguna que otra vez a lo largo de estas páginas. Será, o al menos esa es la intención, explicar el cómo hacerlo si ya tomaste la decisión de incluir a las mujeres, de hacerlas aparecer simbólicamente como acto de justicia y no discriminación y de hacerlo, además, de la forma más correcta posible. No porque la norma no pueda romperse (pues las lenguas evolucionan, como las sociedades, porque las reglas obsoletas se cambian por otras acordes a los tiempos y las personas que los viven), sino porque para romperla hay que, en primer lugar, conocerla y, en segundo, saber cómo, cuándo y para qué se hace.

En el principio fue el verbo. Y tener el verbo es tener el poder de nombrar. Cuando hablamos del poder del lenguaje no estamos diciendo que sea el único poder que se ejerce. Ni que podamos cambiar el mundo solo con él. Sí es evidente —y está reconocido en casi todos los ámbitos del conocimiento (piensen, si no, en la publicidad y la importancia de lo que se dice y a quién se elige para decirlo)— el poder de moldear las ideas, la percepción del mundo, el futuro que imaginamos, lo que recuerden las generaciones venideras. ¿Se habría podido cambiar el mundo solo con fuego? No. ¿Se habría podido cambiar el mundo sin él? No. ¿A veces se usa con fines desastrosos? Sí. Con el lenguaje exactamente igual.

No siempre lo hace del mismo modo, pero sí se hace siempre con el mismo objetivo: que sea útil a las sociedades que lo utilizan. Y cambia constantemente. Ninguna lengua viva detiene su evolución en ningún momento. Por eso no hablamos indoeuropeo, latín, griego o arameo. Evolucionaron hasta convertirse en otras lenguas o, simplemente, no supieron adaptarse y quedaron fosilizadas en un momento determinado del tiempo. Por eso, aunque sea muy interesante que empezara en un siglo u otro, que se hiciera por evolución natural o inducida es baladí. Lo que importa es que las mujeres de las sociedades del siglo XXI no nos resignamos a la elipsis, y nos nombramos con intención consciente porque queremos estar presentes. Queremos ser quienes describamos nuestra realidad y decidamos cómo estar en el imaginario simbólico: sin ningún género de dudas. Además, en la mayor parte de los países democráticos hacerlo es un derecho reconocido de forma expresa.

La resistencia para vernos a las mujeres como iguales, como no podía ser de otra manera, se ve reflejada a su vez en la sociedad. Se efectúa, además, con el soporte del poder. Las risas y bromas contra el lenguaje inclusivo, las mentiras deliberadas acerca del mismo. Todas las falacias sobre la imposibilidad de su uso y las consecuencias nefastas para la "pureza" del español se difunden como el fuego del que antes hablábamos, azuzado por una ventolera de machismo rabioso.

Oímos una y otra vez que la lengua es machista porque la sociedad es machista. Incluso sin tener que negar que el machismo se refleja en el lenguaje hay que señalar que sí: el sexismo, el machismo, el clasismo, la homofobia, el capacitismo, el racismo, la gordofobia o la transfobia se ven reflejadas en el lenguaje, pero no solo en él.

Se ven reflejadas, sobre todo, en la resistencia a que cambie. Todo el mundo a estas alturas es consciente de que un idioma es tan discriminador como los pueblos que lo hablan. Hay quienes se conforman y dicen: "Es que siempre fue así", y a otra cosa mariposa. Hay quienes levantamos la voz e intentamos acelerar el cambio, no por interés personal (que al fin y al cabo yo ya hablo como me da la gana), sino porque sabemos que las lenguas cambian cuando cambiamos, cuando hablamos de una forma nueva, no solo encogiéndonos de hombros y dejándonos llevar por la comodidad.

Si el sexismo del lenguaje es el de la sociedad, ¿cómo puede alguien renunciar a hacer una sociedad menos sexista? Si el lenguaje no sexista y el lenguaje inclusivo son "esa tontería de tres o cuatro chaladas", ¿por qué esa oposición enorme? Si es poco menos que un capricho, ¿por qué no dejar que ese capricho pase y ya? ¿Por qué tantos informes, tantos chistes, tantas bromas, tantas cartas de supuestas profesoras de lengua en contra del lenguaje inclusivo, tantos partidos de ultraderecha por todo el mundo —y muy especialmente en España— intentando prohibir su uso legalmente en contra de mandatos legales de nivel jerárquico superior?

Una de las preguntas que me hacen más habitualmente en clases, cursos, conferencias y entrevistas es: "¿Podemos intentar cambiar el lenguaje sexista para cambiar el machismo o debe cambiar la sociedad machista y después cambiar el lenguaje?". No creo que haya que esperar a saberlo para ponernos manos a la obra. No todos los días podemos hacer desde casa una ley que mejore la vida de las personas, rara vez influimos de modo individual en los presupuestos económicos que permiten iniciar grandes acciones revolucionarias, pero todos los días, sin excepción, hablamos. Y no necesitamos presupuestos ni permisos, solo voluntad. No podemos pedir que los gobiernos hagan grandes cosas y renunciar a hacer las que tenemos en la mano, o en la boca. Sería absurdo renunciar a algo tan poderoso y transformador como el lenguaje.

Una muestra de las resistencias de las que hablaba antes es que jamás nos hacemos esa pregunta con otras cuestiones: ¿tenemos que esperar a que la gente deje de conducir a lo loco antes de poner límites de velocidad? ¿Redactamos un código penal o esperamos a que la gente deje de delinquir? ¿Qué va antes, hacer un hospital o esperar a que la gente se cuide? Argumentos a todas luces absurdos para cualquier otro tema se lanzan cuando hablamos de lenguaje esperando que digamos: "Oh, cielos, ¿cómo no lo había pensado? Voy a empezar a sentirme incluida en una lengua que no me nombra y esperar pacientemente a que la igualdad nos alcance por arte de magia".

Evidentemente, las palabras que tienen sentidos racistas[15], machistas[16], sexistas, homófobos, clasistas deben permanecer en el diccionario mientras se usen, marcadas de forma adecuada. Es discriminatoria, es sexista[17], es clasista[18], es homófoba[19]. A mí, como hablante, si estoy aprendiendo un idioma prefiero saber si una palabra es sexista que si es una germanía, por ejemplo. Pero tampoco están adecuadamente marcadas, ni sé si —visto lo visto con la RAE— sabrían marcarlas adecuadamente cuando hablamos de discriminaciones.

---
15. El DLE de la RAE antes no añadía la marca de "discriminatorio".
16. En la definición del término cualquiera, en el DLE de la RAE aún no está añadida la marca de discriminatorio.
17. Se puede consultar en el DLE de la RAE.
18. En la definición del término lujo, en el DLE de la RAE, y la historia de su reciente modificación.
19. Véase el término matrimonio en el DLE de la RAE.

Quienes ahora deciden qué se nombra y cómo, quieren seguir haciéndolo. Renunciar a las parcelas de poder que tienen injustamente concedidas desde tiempo inmemorial cuesta. Por eso lanzan bulos sobre la inadecuación del lenguaje no sexista, su dificultad, su inutilidad, su *innecesariedad*. En este momento la RAE es una de las grandes creadoras de paparruchas de la comunidad hispanoparlante.

Nombrar el mundo de modos innovadores requiere pensarlo desde otro lugar, situarte de un modo distinto en él. A veces eso requiere un proceso de reflexión que no es sencillo. Se intenta reconducir una y otra vez el debate a la superficie, al aspecto, a las letras. Y hablamos de vocales, y de esto está bien o está mal y no se habla del fondo: reproducimos discriminaciones con herramientas lingüísticas, ¿puede hacerse de forma que esas discriminaciones se minimicen o desaparezcan? Esa es la cuestión y no las *aes*, *es* u *oes*.

Si añadimos que quienes se supone que saben de lenguaje se pasan el día con el dedito señalando "eso está mal, lo otro también, lo de más allá peor", se tiene la excusa perfecta para no dedicar el tiempo o el trabajo de contribuir a un mundo mejor con algo tan sencillo y baratito como las palabras.

No hay que irse tan lejos —hasta 2001 (21ª edición)— para apreciar cómo las resistencias tienen mucho de ideología y apenas algo de gramaticales. La RAE, en su entonces *DRAE* (ahora se llama *DLE*), cuando definía *pimpollo* decía: 'El niño o la niña' y 'El joven o la joven'. En *sobrino, na* decía en 1780: 'Hijo o hija de hermano o hermana'. En 1884 cambió a 'Respecto de una persona hijo o hija de su hermano o hermana o de su primo o prima'. En 1925 establece además de la definición respecto de los grados 'del primo o prima'. Y así siguen hasta 2001. En *concuñado, da* aclaraba "Hermano o hermana de una de dos personas unidas en matrimonio respecto de las hermanas o hermanos de la otra".

En la 22ª (2014) pasaron a ser 'niño o joven' el *pimpollo*; 'hijo del hermano de una persona', el *sobrino* y la *sobrina*. O 'Hermano del cuñado de una persona' el *concuñado, da*. Señoras y señores, demos la bienvenida a la expulsión premeditada y alevosa de las mujeres en el lenguaje bajo la excusa de la "economía del lenguaje".

Aún hoy quedan *desdoblamientos* en el *DLE* a pesar de que la RAE insiste una y otra vez, y lo veremos en detalle, en que son innecesarios. En *representante*, la 5ª acepción dice 'actor o actriz de teatro', a pesar de que en *actor* nos dice que es 'm. y f. Persona que interpreta un papel en una obra teatral, cinematográfica, radiofónica o televisiva'. En *tutela* habla de 'autoridad que, en ausencia de la paterna o materna'. En *rey, reina*, su segunda acepción habla de la dignidad por matrimonio de 'rey o reina', algo sobre lo que volveremos al llegar al lenguaje jurídico. En *convento* nos aclara que viven los 'religiosos o religiosas'. En *collaza* que es 'criado o criada'. Y, por no seguir, un último y significativo ejemplo: en *persona*, en sus acepciones segunda, tercera y cuarta se ve obligada a definir como 'hombre o mujer'. Sí, el burro de nuevo delante. Pero las incoherencias nos decís que son las del lenguaje inclusivo, ¿eh, pillines?

Fue en el siglo XXI cuando el *Panhispánico de dudas* introdujo esa cláusula de lo "innecesario del desdoblamiento". Repito: en 2001. Y a partir de ahí intentó eliminar todas las flexiones de género femenino y masculino del diccionario (pues eso es lo que hacemos, emplear los dos géneros gramaticales. No desdoblamos, pues no es lo mismo una mujer que un hombre).

Viendo estos mínimos antecedentes históricos, incluso tan rápida y superficialmente como aquí, podemos comprobar que no es una cuestión lingüística, o no solo. Las lenguas tienen dos vías paralelas de evolución, la lingüística y la social. Pretender que solo existe una de esas vías es desconocer el funcionamiento de las lenguas o imponer torticeramente una visión sesgada de este. Todo aquí remite a una cuestión de poder. Instalar lo masculino como sujeto universal en el momento en que se establecía políticamente la exclusión de las mujeres fue un ejercicio de poder, la vía social se impuso a la lingüística. Porque quien se situó como eje simbólico de la lengua no fue sino el sujeto político que ejercía el poder. En la cosmovisión de las sociedades jerarquizadas, como dice Celia Amorós, "quien tiene el poder es quien da nombres a las cosas (y a las personas)".

Obviamente no era Isabel la Católica la que hacía los edictos de su puño y letra. Para todos los efectos el trasfondo del asunto es el mismo: es más moderno (como norma gramatical) excluirnos que nombrarnos. El masculino y el femenino existen porque las realidades que expresaban eran diferentes, imponer solo uno de los usos excluyendo otros fue una decisión humana, no el simple devenir de la lengua.

En el principio era el verbo, vale, pero me quedan dudas: ¿sería transitivo, regular, irregular...? Y, sobre todo, ¿quién era y es el sujeto que ejecuta la acción del verbo? Claramente, nos faltan datos.

CAPÍTULO 2
# LENGUA MATERNA NO HAY MÁS QUE UNA
## (Y A TI TE ENCONTRÉ EN LA RAE)

> El diccionario de la Academia es el diccionario de autoridad. En el mío no se tiene demasiado en cuenta la autoridad.
>
> María Moliner

Lengua materna no hay más que una. O no. Sea como fuere, no es un tema en el que vayamos a entrar ahora excepto para afirmar que la lengua materna suele ser la raíz de todos los sexismos interiorizados, primero, y naturalizados, después.

Cuando hablo de lengua materna no me refiero a la que enseñe o hable la madre, sino a la lengua natal, la que se aprende en primer lugar o como principal. Que puede, o no, coincidir con la lengua de la madre. Que se llame lengua materna tampoco es casualidad, aunque, de nuevo, es tema interesante que excede al objetivo de este libro. Voy dejando hilos de los que tirar cual Garbancita moderna.

"Como mujer, no tengo patria", decía Virginia Woolf. Como mujeres, muchas veces, no tenemos lenguas. Llegamos a lenguas prestadas, por más que contribuyamos a su creación, a su sostenimiento, a su evolución, a su estudio. Nuestras aportaciones de todo tipo se ignoran sistemáticamente. En ocasiones, tampoco tenemos nombres, salvo los que nos prestan (o nos endosan), como sucede en ocasiones con los apellidos en muchísimos países donde los apellidos de las mujeres se pierden o sustituyen si cambia el "pater familias". Porque ellos de sus casas son *paterfamilias* y nosotras, si acaso "ángeles del hogar". Hoy, el Código Civil español sigue apelando a la "diligencia de un buen padre de familia" incluso si el contrato lo firman una o varias mujeres, sin varón que las acompañe (¿dónde irían tan solitas?). El estándar de la diligencia, ¿qué podría ser sino masculino?

En países como Portugal el Código Civil permite emplear los dos apellidos; se suele escribir delante el de la madre. A pesar de ello se omite a casi todos los efectos, como alguno de los nombres compuestos en España, que están pero como si no. Si se coloca primero el de la madre y no lo uso, ¿qué más me da entonces que esté? En España y muchos países de Latinoamérica existen dos apellidos; se puede elegir que el primero sea el de la madre o el del padre. En la práctica, en un porcentaje muy alto, sin plantear siquiera la cuestión en la familia, se sitúa delante el del padre.

¿Y qué más dará —me dicen a veces—, si de todos modos el de la madre es el primero de su padre? No siempre y no desde siempre. El uso del doble apellido con un orden determinado no se impuso hasta casi finales del XIX y, durante siglos, en zonas de España como Galicia o Extremadura primaba el apellido de la madre en el orden. Como no había una norma que lo fijara, se hacía según la costumbre del lugar, incluso cuando solo se usaba un solo apellido en lugar de dos. ¿Cuántos de nuestros apellidos vendrán de una línea materna? Posiblemente no lleguemos a saberlo.

Seguro que ya estáis pensando que me habéis pillado en un renuncio: "¿Y si hay dos madres o dos padres qué, eh, lista?". Pues depende del país. Argentina, Costa Rica o España, por ejemplo, eligen el orden con la primera criatura y ese tendrá que ser el de otras de la misma pareja. En Japón, por poner un ejemplo lejano, aún andaban decidiendo, a finales de 2021, si las mujeres podían conservar su apellido de solteras además del que aportara el marido, como para pensar en más detalles.

El caso es que damos por sabidas cuestiones que naturalizamos, como si siempre hubieran sido así. ¿Realmente lo fueron?

Con las discriminaciones mediante herramientas lingüísticas pasa algo parecido. Esperamos que todos los idiomas discriminen igual y se concluye con rapidez: tal idioma no usa masculino genérico y su sociedad es sexista; por lo tanto, el masculino genérico no produce sexismo. Tal otro concuerda todo en femenino y la sociedad es machista, por lo que nombrar en femenino no solucionará nada.

No es ahí donde tenemos que poner el foco. Porque esas aseveraciones son ciertas, pero las conclusiones son erradas porque parten de una premisa falsa (y muy *castellanocéntrica*, todo hay que decirlo): que los mecanismos que discriminan en la lengua española son los mismos que tienen que usarse para discriminar en todas las demás. Cuando hablamos de discriminación, sea en la lengua sea en la sociedad, lo que importa no son las herramientas, ni las intenciones, sino el resultado. Si llegas a tu casa y la encuentras saqueada te han robado. Y no importa si para entrar emplearon una llave maestra, una ganzúa o hicieron un butrón desde el piso contiguo. Lo que importa es el desenlace: la casa vacía.

Las herramientas para discriminar serán tan variadas como los mecanismos lingüísticos de cada idioma. En español podrá hacerse a través del masculino genérico, los saltos semánticos, los duales aparentes, la imposición de la concordancia en masculino en las enumeraciones de personas o cualesquiera otras. En otros idiomas serán esas mismas, u otras distintas, o una combinación de mecanismos que conocemos con otros que desconocemos. Repito: da igual la herramienta, nos han expoliado. Y si hablamos de discriminación sexista nos han despojado a las mujeres, la mitad de la población. Si hablamos de otras discriminaciones habrán quitado lo que correspondía a colectivos o grupos que, grandes o pequeños, se ven privados de su derecho a la presencia.

Una lengua será tan sexista como la sociedad —o las sociedades, pues muchas lenguas se hablan por comunidades muy diversas en lugares muy distantes— que las renuevan y mantienen vivas al hablar día a día. En Suecia, si la pareja no se pone de acuerdo, solo aparecerá el apellido de la madre. Es un país que ocupa sistemáticamente los primeros puestos de los *rankings* de igualdad de género. El mismo país que incluyó con naturalidad y rapidez un pronombre de uso neutro para evitar masculinos genéricos. Su Academia no se "dolió" de destruir el idioma, sino que lo reguló sin dramas: ese pronombre (*hen*) puede utilizarse en sueco para referirse a una persona sin necesidad de especificar su género (porque no lo conozcamos o porque nos parezca irrelevante). Llamadme loca si veo correlaciones sobre las que profundizar.

Desde luego, no podemos pedir al español que no refleje el sexismo que hay en las sociedades de los países que lo hablan. Sí podemos pedir —y pedimos— que el diccionario de la Real Academia Española (y los trabajos correspondientes a las academias latinoamericanas) no reflejen el machismo —a veces misoginia descarada— de quienes las componen. Podemos, también, procurar que los sexismos u otras discriminaciones no se reproduzcan de forma acrítica, sobre todo por parte de quienes queremos evitarlos. Porque quienes quieren que todo siga igual, la verdad, no creo que merezcan ni un segundo de la atención y el esfuerzo que lucirán más y mejor en otros menesteres.

Ver dónde están los resultados discriminatorios o igualitarios es la prueba infalible del sexismo y la discriminación lingüísticas. No buscar una vocal para saber si estoy, tampoco ponerla para que esté. Dejemos, por favor, de pensar que tenemos una varita mágica contra la discriminación en la $a, e, i, o, u$.

Hablaba de aprender las lenguas (o de aprender español si no es la lengua materna —lengua materna, recuerden, no paterna—), de que cada lengua es sexista en sus convenciones peculiares; de que, en ocasiones, otras nos parecen menos sexistas porque buscamos el sexismo en los lugares en que este nos resulta conocido: en el masculino genérico, en el orden gramatical que da preeminencia al masculino, en la necesidad de concordar en masculino si aparece un solo masculino (gramatical) en la enumeración... Para usar una herramienta (o dejar de hacerlo) necesitamos saber si es o no útil al objetivo que nos proponemos. Si el propósito es no discriminar, antes tenemos que detectar las pistas de que la discriminación se produjo. La enumeración daría para una tesis doctoral, pero seré buena y resumiré en tres. Estas tres preguntas son tan importantes que se repetirán casi en cada capítulo. Hemos de tenerlas en mente cada vez, hasta que naturalicemos este detector en el mismo grado con que tenemos naturalizada la discriminación. Porque esa, y no otra, es la clave del lenguaje no sexista, del lenguaje inclusivo, de la comunicación inclusiva.

Las preguntas que revelan el sexismo en todo su poder son:

1. ¿Hay *invisibilización* de las mujeres? Es decir, ¿podemos decir sin inferir, sin ambigüedad y sin ningún género de

dudas que las mujeres están en lo que se lee, se escucha, se escribe, se piensa?
2. ¿Hay asimetría, subordinación o jerarquización de las mujeres? En resumen, ¿aparecen en pie de igualdad con los hombres? ¿Nombradas con las mismas categorías, adjetivadas de la misma forma, nombradas por sí mismas y en igualdad de condiciones que los sujetos —u objetos— de género gramatical masculino presentes?
3. ¿Se produce androcentrismo o preeminencia de los marcos conceptuales machistas? Para entenderlo mejor: la imagen mental que creamos o nos crean con lo escrito o lo dicho, ¿refuerza o permite que se deslice la idea del varón y lo masculino como representación idéntica de lo genéricamente humano? ¿De un tipo de personas determinadas como "normales" bien por religión, etnia, origen, capacidad, orientación sexual u otras?

Si la respuesta a alguna de estas tres preguntas es sí, entonces hay sexismo, y me da igual que se produzca en el español diciendo que *hombre* es 'ser racional varón o mujer' o que para crear el nombre de un oficio en inglés añadas *man*.

Hablo ahora solo de mujeres y sexismo porque los mecanismos de discriminación lingüística que cada sistema de códigos, cada lengua, establece para los géneros gramaticales como una de las diferenciaciones básicas del grupo humano se repiten después con cada colectivo discriminado. Si no conseguimos ver el sexismo, lo reproduciremos al incluir a cualquier grupo excluido. Desvestiremos a un santo (las santas rara vez aparecen por allí), como dice el dicho, para vestir otro. Y no tenemos la agenda como para andar perdiendo el tiempo.

De nuevo, me refiero —y me dirijo— a quienes tienen la voluntad real de no discriminar a nadie o de hacerlo lo menos posible con los recursos a su alcance. Si alguien cree que porque no se identifica, no simpatiza o incluso le molestan las mujeres o algún colectivo, se merecen que no se nombre, que se discrimine, que se ningunee, que se invisibilice, el problema no es lingüístico y no tengo solución alguna (o al menos, ninguna que pueda ser publicada).

33

Sostengo sin miedo a equivocarme que la lengua nativa —en sus sentidos más habituales de aquella/s que se aprende/n en la infancia y se convierte/n en instrumento natural del conocimiento— es la base de todos los sexismos porque prácticamente todos se interiorizan a través de ella. En el caso del español aprendemos a estar en segundo lugar, a desaparecer en beneficio de otros intereses, a pensarnos como ajenas; volveré sobre esta idea para desarrollarla.

Los mecanismos de *invisibilización* y subordinación se aprenden con el lenguaje. Cada quién con el suyo y cada sociedad con sus propias formas de mostrar el machismo, que ya veo venir el "pues en inglés, pues en ruso, pues en árabe, pues en guajiro".

—¿En guajiro? —me preguntas mientras clavas tu pupila en mi pupila azul.

—Sí, en guajiro.

—¿Y por qué?

—Porque el exdirector de la RAE, y académico de la institución, Darío Villanueva, tuvo a bien dejarnos un ejemplo del guajiro, que aporta testimonio, y muy leído, de esa resistencia:

Fíjese en este ejemplo tan significativo: una de las lenguas donde el género inclusivo, no marcado, es el femenino es el guajiro. Allí se dice "todas" para incluir a hombres y mujeres. Pues bien, la sociedad que usa el guajiro es una sociedad profundamente heteropatriarcal[20] donde la mujer no tiene ningún derecho y está totalmente sometida al varón. Eso demuestra que el hecho de emplear el femenino genérico no significa que esa sociedad sea más o menos justa.

Decid *hola* a don Darío, que lo vamos a ver mucho por aquí porque presentó libro en 2021 y se ha dejado caer por los medios con gusto y gana. Y cada vez le han preguntado por el lenguaje inclusivo. Y cada vez la ha liado el hombre.

Hagámosle saber, sin pagar ni nada, "de gratis" (*baidefeis*) que aunque los mecanismos lingüísticos no sean los mismos, el machismo aparecerá por otra vía, pero estará: es imposible que

---

20. *Heteropatriarcal* no está, a día de hoy (23 de noviembre de 2021), en el diccionario.

una sociedad machista no tenga una lengua machista. Cada lengua es el resultado de unos vasos comunicantes de mecanismos lingüísticos y sociales. De categorías del lenguaje y del pensamiento colectivo pasado, presente y futuro.

En Rusia, donde suelen personalizarse los días de la semana, se aportan características masculinas o femeninas a esos días —inadvertidamente— en función de si sus determinantes son neutros, masculinos o femeninos. No se les puso el género masculino a todos, pero si nos hacemos las tres preguntas (y discúlpenme quienes conozcan esa lengua en profundidad por el atrevimiento):

1. ¿*Invisibiliza* lo femenino? No, hay días de ambas categorías gramaticales.
2. ¿Jerarquiza? Son masculinos: lunes, martes, jueves. Son femeninos: miércoles, viernes, sábado. Es neutro el domingo. Sin un conocimiento más profundo de la lengua podríamos decir, *a priori*, que no porque hay tres y tres. O que sí, porque los dos primeros son masculinos. Dejémoslo en empate.
3. ¿Perpetúa el marco hegemónico, la cultura sexista existente? Sí, porque se les asignan rasgos asociados al sexo en función del género gramatical. ¿Os acordáis del barco y la barca, el cometa y la cometa? Pues por el estilo, pero en ruso.

La respuesta, clara, es que hay sexismo. Si alguna vez pusiste o te pusieron el ejemplito de "es que en ruso los apellidos terminan de forma diferente según sean para un hombre o una mujer", ya sabes, al menos, responder para que la cosa quede en tablas.

Valga este ejemplo, tan ajeno a las lenguas que domino, para mostrar no tanto el resultado como el proceder para cada una de las que estén dentro de tu campo de conocimiento. Da igual que sea euskera, finés, húngaro, náhuatl, suajili o chino mandarín. Si la respuesta a alguna de esas preguntas es *sí*, ahí hay donde rascar.

¿Te parece poco un solo ejemplo? ¿Recuerdas los apellidos en Portugal de los que hablaba unos párrafos más arriba? Si se coloca primero el de la madre, pero no se usa, me preguntaba: "¿Qué más me da entonces que esté?". Tomemos las preguntas.

¿*Invisibiliza*? No, está mostrando porque se pone en primer lugar. ¿Jerarquiza o subordina? No, ¡si se le pone delante! ¿Perpetúa el marco conceptual androcentrista? Sí, porque no es obligatorio hacerlo así, por lo que a efectos prácticos el machismo persiste.

En el caso del español no hay que rascar demasiado porque nuestra lengua discrimina por tierra, mar y aire. O como me decían las monjas de mi cole —que no se habrían creído jamás que las iba a nombrar tanto como las nombro— de los pecados: de pensamiento, palabra, obra y omisión.

De pensamiento porque nos aniquila simbólicamente, nos destierra del imaginario colectivo. Se recrea un mundo donde el ser humano elegido como modelo es un varón y todo lo que se salga de ahí es considerado una excepción. Y se nos hace creer que no es una copia burda de la realidad, sino una reproducción fiel. Quieren hacerlo pasar por realismo, no nos dejemos engañar: es dadaísmo.

Tenemos ejemplos claros de esto en los medios, a diario. Cuando se emplea la palabra *personas* pero, un poco más adelante se pasa a decir *todos* o concordar en masculino. Como en los medios recuperar un segundo de radio o televisión original es más complicado, os dejo un artículo de una ley en vigor donde, negro sobre blanco, queda reflejado. Es, nada menos, que la Constitución española. Artículo 24.

1. Todas las personas tienen derecho a obtener la tutela efectiva de los jueces y tribunales en el ejercicio de sus derechos e intereses legítimos, sin que, en ningún caso, pueda producirse indefensión.

2. Asimismo, todos tienen derecho al juez ordinario predeterminado por la ley, a la defensa y a la asistencia de letrado, a ser informados de la acusación formulada contra ellos, a un proceso público sin dilaciones indebidas y con todas las garantías, a utilizar los medios de prueba pertinentes para su defensa, a no declarar contra sí mismos, a no confesarse culpables y a la presunción de inocencia.

La ley regulará los casos en que, por razón de parentesco o de secreto profesional, no se estará obligado a declarar sobre hechos presuntamente delictivos.

Fijaos en algunos detalles, porque este es el entrenamiento de mirada y técnica para detectar dónde se producen las discriminaciones, primero, y cómo evitarlas (si es lo que queremos) después.

Por coherencia legislativa y concordancia gramatical, si empiezas un artículo hablando de "Todas las personas" tienes que seguir hablando de ellas o necesitas interpretar, al pasar al punto dos, si se refiere a ellas o, por ejemplo, a los jueces y tribunales. Pero no. Se empieza el punto dos diciendo "todos". En masculino. ¿Por qué? Porque se está pensando en masculino (no sabemos si genérico o específico) y es él el que refleja lo universal en las mentes de quienes hicieron la ley. No las personas: los hombres, o los ciudadanos.

No es el único *pero* que se puede poner al artículo. ¿Por qué los jueces y tribunales? ¿No habría sido más coherente decir "los jueces y magistrados" —opción simétrica y sexista— o bien "los juzgados y tribunales" —opción simétrica y no sexista—?

Me atrevo así a algo que la RAE consideró innecesario: hacer una versión inclusiva, al menos, de este artículo. Revisaremos otros cuando hablemos de lenguaje jurídico no sexista.

1. Todas las personas tienen derecho a obtener la tutela efectiva de juzgados y tribunales en el ejercicio de sus derechos e intereses legítimos, sin que, en ningún caso, pueda producirse indefensión.

2. Asimismo, todas tienen derecho al juzgado ordinario predeterminado por la ley, a la defensa y a la asistencia letrada, a ser informadas de la acusación formulada contra ellas, a un proceso público sin dilaciones indebidas y con todas las garantías, a utilizar los medios de prueba pertinentes para su defensa, a no declarar contra sí mismas, a no confesarse culpables y a la presunción de inocencia.

La ley regulará los casos en que, por razón de parentesco o de secreto profesional, no habrá obligación declarar sobre hechos presuntamente delictivos.

Esta redacción es jurídicamente más precisa, es no sexista e inclusiva y más corta (¡ajá! La economía del lenguaje puede ser un beneficio añadido del lenguaje no discriminatorio. Quién lo podría haber adivinado, ¿no?).

Visto cómo se nos excluye de pensamiento (y, en consecuencia, de palabra), ahondemos ahora en esta otra discriminación.

Se nos excluye de palabra porque se nos exceptúa de la presencia necesaria mediante el artificio de instaurar el femenino como "género marcado". Cuando aparecemos —porque no hay masculino alrededor extendiendo sobre nosotras su capa de invisibilidad— se nos subordina sistemáticamente; se feminizan ciertas palabras para hacerlas más ofensivas, se nos pone las segundas en los lemas del diccionario. Se empuja desde antes de saber leer o escribir una letra, desde mucho antes de llegar a la escuela, a la jerarquización de lo femenino y, en el *pack*, a las mujeres. Y, al ser la palabra la que nos incluye de forma inequívoca, se propone desde el feminismo nombrar a las mujeres por mecanismos variados. O feminizar profesiones. Y entonces se nos reconviene con el dedito tieso porque confundimos sexo y género gramatical.

¿Eso es cierto? Veamos. Dice la *GRAE*:

Si bien son relativamente numerosos los sustantivos epicenos y los comunes en cuanto al género —a veces con oscilaciones en su consideración gramatical, como se verá en los § 2.7a y 2.8a—, son, en cambio, raros los nombres de persona cuyo género no se corresponde *con el sexo del individuo que designan* (GRAE 2.1.i).

No es, por tanto, que confundamos sexo biológico y género gramatical, es que en las *personas* (remarco *personas* porque es muy importante recordarlo) suelen coincidir y es para esos sustantivos (o los adjetivos que los acompañan o las palabras que con ellos concuerdan) para los que hacemos una buena parte de las propuestas. No para los animales machos y hembras (se oyen suspiros de alivio al saber que no habrá que decir *jirafa* y *jirafo*), no para las cosas (consuélense de su pena, no queremos tener *zapatillas* y *zapatillos*, y ni siquiera *pantuflas* y *pantuflos*, y Pantuflo sonará a quienes sean de mi edad y hayan leído tebeos de Zipi y Zape), no para las partes del cuerpo (nada de *miembros* a los brazos y *miembras* a las piernas, aunque sea el ejemplo más repetido por los académicos para ridiculizar las —nunca hechas— propuestas feministas en ese sentido).

Si se llama miembros a los hombres y miembras a las mujeres, habrá que empezar a llamar miembros a los brazos y miembras a las piernas.

¿Sabéis quién dijo, entre otros, este último "chiste"? ¡Ajajá! Darío Villanueva[21]. Tan bonico él. ¿Es para quererlo o no es para quererlo? Si me está haciendo solito el libro. Tan contento está con la bromita que la hace siempre que puede, es reincidente. A lo que vamos. Tras el pensamiento y la palabra, llega la obra. Se nos discrimina de obra porque se nos impide definirnos y, quien lo hace, lo hace mal; de forma asimétrica, indiferente, descuidada, perseverando en los errores (y a la definición de *cunnilingus* me remito). Se nos imponen definiciones, se nos nombra sistemáticamente en función de otras personas, se nos subordina a cualquier otra presencia no femenina (sea o no humana). Acordaos del burro, mis hermanas y yo en aquel paseo del capítulo anterior. Tendría que decir *nosotros* íbamos por el camino. Porque iba un burro.

**maricón**
1. adj. despect. malson. marica. U. m. c. s. m. U. t. c. insulto.

Mirad qué marcas tan pormenorizadas (además de las "puramente" gramaticales): despectivo, malsonante, usado también como insulto.

¿Qué palabras insultantes podrían ser similares? Se me ocurren *tortillera*, *bollera*... Veamos:

**tortillera**
3. f. despect. vulg. lesbiana (|| homosexual).

Despectivo, vulgar (que no aparecía en *maricón*, que debe de ser de lo más fino). Tampoco aparece rastro de que se use como insulto, ni que sea malsonante. Vamos, que *maricón* es una palabrota, pero *tortillera* es solo una vulgaridad. Eso sí, nos aclaran que es *homosexual*, por si no lo sabíamos. A ellos no se les hace tal aclaración.

---

21. "Los 'Fuerzos y Cuerpas' de Irene Montero: cuando el lenguaje inclusivo forzoso te juega una mala pasada", *ABC*, 5 de abril de 2019.

Aparece la misma aclaración en *bollera*, que sí es malsonante, sin ser vulgar ni un insulto. Simplemente descriptiva, por lo visto.

**bollera**
2. f. despect. malson. coloq. lesbiana (‖ homosexual).

**¿Y marimacho?**

**marimacho**
1. m. coloq. Mujer que en su corpulencia o acciones parece hombre.

Solo coloquial. Así, el nombre de las lesbianas para andar por casa. A *marimacho* la *GRAE* le dedica un extenso párrafo por su peculiaridad de ser uno de los "raros los nombres de persona cuyo género no se corresponde con el sexo del individuo que designan" que mencionaba al hablar del apartado 2.1.i de la *GRAE*.

De omisión, por último, porque las propias normas gramaticales obligan a eludirnos para referirse a lo humano, solo podemos ser nombradas en cuanto mujeres (y aun así, poco y mal —véase el punto anterior; no vayáis que es broma, era por hacer como la RAE en su diccionario y que os dierais una vueltecita, con burro o sin él, a elegir—). Cuando se aprenden las reglas gramaticales del español, ya se aprendió que lo masculino es necesario siempre, lo femenino solo en ausencia de masculino presente.

Y se aprende mediante LA norma. La intocable. La sacralizada, que no sagrada, por quienes se resisten al lenguaje no sexista: el masculino genérico. Las mayúsculas del "la" son mías, las que vienen a continuación de la *GRAE*:

El GÉNERO NO MARCADO en español es el masculino, y el GÉNERO MARCADO es el femenino. Como se explica en el § 1.5j, la expresión no marcado alude al miembro de una oposición binaria que puede abarcarla en su conjunto, lo que hace innecesario mencionar el término marcado. En la designación de seres animados, los sustantivos de género masculino no solo se emplean para referirse a los individuos de ese sexo, sino también —en los contextos apropiados—, para designar la clase que corresponde a todos los individuos de la especie, sin distinción de sexos.

No profundizo en esta norma que nos hacen pasar por única, natural, exclusiva y sin excepciones porque el siguiente capítulo viene con sorpresas. Sobre todo, para quienes citan esta una y otra y otra vez y se olvidan del resto. Aquí no está de más recordar que la gramática cambia, mucho, continuamente. Que cambiar una norma gramatical no es un drama, ni una rareza, ni rompe un idioma. Ni "altera el ecosistema de la lengua" como dijo ya sabéis quién en la misma ocasión del miembros y *miembras*. Por eso, cada cierto tiempo los diccionarios se actualizan, las gramáticas se renuevan. Porque están tan vivas como las lenguas a cuyo estudio se entregan. Los ecosistemas en los que las especies dejan de interactuar son ecosistemas en peligro de extinción. Si las lenguas no cambian, malo, será señal de que están muriendo o muertas: han dejado de ser usadas por no ser útiles a las sociedades que las hablaban.

Muy poco útil me parece, también, ese llamamiento reiterado al respeto escrupuloso a la corrección morfosintáctica, o la propia gramática de la lengua, por encima de los principios inspiradores de cualquier sociedad democrática que se precie: la igualdad y la no discriminación. ¡Almas cándidas! Si hasta el diccionario tiene un nombre —glorioso y mordaz, dicho sea de paso— para las expresiones propias de una lengua que no se ajustan a las reglas gramaticales: *idiotismo*. Lo de no ajustarse a la norma y que arraigue entre hablantes es tan común que la palabra idiotismo aparece en su sentido gramatical desde, al menos, el diccionario de 1780.

No veo por qué la corrección morfosintáctica (y menos su respeto escrupuloso) tendría que ser un objetivo al hablar o escribir excepto en casos muy concretos. Quizás un examen de oposición en el que se vaya a valorar la corrección gramatical y en él se imponga la *Gramática* de la RAE como medida. O una traducción que no se vaya a pagar si contrata un fan de la RAE, o que por ser jurada necesite un patrón inamovible. Pocas situaciones más lo exigen.

No sé otra gente, pero yo no me levanto por la mañana para ponerme a trabajar y pienso: hoy voy a ser escrupulosa morfosintácticamente. Y a poco que escuchemos por ahí, podemos asegurar que no es objetivo común. De hecho, la corrección morfosintáctica nos importa poco, por no decir nada, la mayor parte de las veces. Para empezar, porque normalmente no tenemos unos conocimientos de gramática suficientes para saber dónde están los fallos. Haced la prueba y pensad en cualquier norma gramatical, la idea que tengáis de ella y comparadla con lo que la GRAE declare al respecto.

Por eso produce desazón —bueno, quien dice desazón dice vergüenza ajena— que haya quien recuerde una y otra vez que en español el género masculino es neutro. Porque en español los neutros se pueden contar con los dedos de una mano. Que es una frase hecha que no quiere decir que sean menos de cinco, sino que son muy pocos. De nuevo, no lo digo yo —que bastante tenéis con leerme como para tener que creerme sin pruebas, que es lo que hacemos cuando habla la gente contra el lenguaje no sexista, pruebas: cero. Número de veces que se les piden: cero—, lo dice la GRAE:

Los sustantivos no pueden tener en español género NEUTRO, frente a lo que sucede en otros muchos idiomas. Sí pueden ser neutros en nuestra lengua los demostrativos (esto, eso, aquello), los cuantificadores (tanto, cuanto, mucho, poco), los artículos (lo) y los pronombres personales (ello, lo) (GRAE 2.1.c.).

El que los sustantivos no tengan género neutro y el que ningún adjetivo posea formas particulares para concordar de esta manera con los pronombres son factores que llevan a pensar que el neutro no es propiamente un tercer género del español, equiparable a los otros dos, sino más bien el exponente de una clase gramatical de palabras que designan ciertas nociones abstractas (GRAE 2.1.d).

A pesar de que es lo que dice la *Gramática* de la RAE, el exdirector de la RAE, Darío Villanueva[22] (*again*), afirmaba en unas declaraciones a *El Cultural* en marzo de 2021 (qué haríamos sin las declaraciones de Darío, gentes): "El género masculino neutro o no marcado no es el culpable de la desigualdad entre el hombre y la mujer".

---

22. Fernando Díaz de Quijano: "Darío Villanueva: 'Modificar el lenguaje nunca erradicará la maldad'", *El Cultural*, 9 de marzo de 2021.

Caballero, con todos los respetos, para ese viaje no hacían falta alforjas. Que no es el culpable lo sabemos las feministas incluso sin que tan docto académico nos lo explique. También sabemos —porque nos hemos leído la gramática— que lo del neutro es un cuento chino. Que tenemos muy pocos neutros, cuáles son y que, desde luego, que el masculino sea el género gramatical designado como no marcado no lo hace neutro. Tramposillo.

Si quienes se niegan a escuchar, a poner interés, a reflexionar sobre las desigualdades —incluidas las de las lenguas— conocieran la gramática y la lengua que con tanto ardor dicen defender sabrían que no hay prácticamente nada neutro en un idioma. No metafóricamente, pues, como producto cultural está influido por las sociedades que hablan cada idioma y por las ideologías concretas de las personas que trabajan en las instituciones que lo supervisan. Tampoco literalmente, pues hay muy pocos neutros en la lengua española como hemos visto: apenas unos pocos determinantes... Y, generalmente, no se refieren a personas.

Estoy de acuerdo, no obstante, con quienes creen que sería absurdo equiparar sexos biológicos y géneros gramaticales. Por esa razón, cuando hablamos de lenguaje no sexista o de lenguaje inclusivo no pretendemos equiparar sexo biológico y género gramatical. No queremos neutralizar, ni creemos que haya nada neutro. Queremos que las diferencias no impliquen discriminaciones para las personas (*friendly reminder*: no para las cosas, no para los animales, no para las partes del cuerpo) añadidas por quienes definen o que si esas diferencias son producto del uso, se indique (zorra/o, fulana/o, un/a cualquiera...).

Por eso nos preguntamos por qué los masculinos gramaticales que no son de personas tienen tantas veces cualidades de hombre y sus femeninos de mujer (el barco/la barca, el cometa/la cometa, el árbol/la rama). O por qué cuando hay masculinos y femeninos que tienen rasgos de sexismo, no se marcan como tal (o al menos, como discriminatorio). Por qué en lugar de rechazar de plano el femenino genérico cuando hay mayoría de mujeres, no se admite su uso como hubo épocas en las que se admitió para profesiones feminizadas. O por qué las palabras que se refieren a experiencias femeninas y masculinas trasladan sexismos añadidos fruto exclusivo de los prejuicios de quienes definen, como que *cunnilingus* sea 'aplicar' y *felación* 'estimular'.

Lo mejor de esto es que, a pesar de que nadie parece saberlo, es factible hablar o escribir con lenguaje sexista y lenguaje inclusivo y tener un respeto escrupuloso —si te da el prurito— a las normas de la gramática española. Por desgracia, tenemos un vocabulario cada vez más escaso y una redacción y un discurso menos fluidos. Quien para evitar discriminaciones hace su discurso repetitivo, pesado, poco inteligible o rompiendo las normas (salvo que se haga así ex profeso, obviamente) es porque no las conoce o porque su vocabulario y sus habilidades lingüísticas son pobres. Quien, queriendo usarlos, no los usa con la excusa de que van contra las normas, es que las ignora. Por eso me preocupa tantísimo que desde la RAE se diga que con lenguaje inclusivo no se podría hablar. Porque, o no saben qué es lenguaje inclusivo o su dominio de la lengua no es lo suficientemente bueno para hacerlo. No sé qué sería peor.

CAPÍTULO 3
# NO PIENSES EN UN SEÑORO.
## ¿HABLAMOS DE INVISIBILIZACIÓN?

> La variación en el lenguaje, y específicamente en el uso del género gramatical, es la expresión simbólica de los cambios en la sociedad[23].
>
> LETICIA VILLASEÑOR ROCA

Que la manera en la que hablamos configura nuestro modo de ver el mundo es un hecho comprobado (incluso) por lingüistas —mujeres y hombres— sobre los que nunca recayó la menor sospecha de feminismo. Hay lenguas que no conciben el tiempo como lineal (presente, pasado y futuro, abstractos) y nos daba mucha risa ver que los pueblos originarios de Norteamérica en las películas que contaban su expulsión como una aventura ("los indios" de las pelis) dijeran "después de tres lunas" (algo que sí contaban porque veían, concreto) en lugar de "dentro de tres días" (algo intangible a lo que la lengua española, entre otras, da cuerpo y pone en un lugar, dentro). También las hay que tienen como verbos lo que para hablantes de español son adjetivos (no hay *cielos azules*, sino *cielos que azulean*; ni *envidia verde* sino *envidia que verdea*). Necesariamente la posición para ver el mundo, de imaginar lo que está por venir, de narrar lo que fue, ha de ser diferente.

¿Cómo podría no influir el contar una parte de la verdad como si fuera el total de esta, día tras día, mes tras mes, año tras año, siglo tras siglo? La convicción de que esa influencia existe, corroborada por multitud de estudios[24], y de que —además de existir— es perjudicial para la forma de ser y estar en el mundo de la mitad

---
23. Leticia Villaseñor Roca: "El género gramatical en español, reflejo del dominio masculino", *Política y Cultura*, núm. 1, otoño, 1992, pp. 219-229, Universidad Autónoma Metropolitana, Unidad Xochimilco Distrito Federal, México.
24. Son especialmente interesantes los de la experta en lenguaje y cognición Lera Boroditsky, centrada en el estudio de las diferencias en el pensamiento y la percepción que se originan a raíz de diferencias léxicas y sintácticas.

silenciada (que no silenciosa) y oculta llevó al feminismo a hacer las primeras propuestas contra el lenguaje no sexista. Antes, fue la lingüística quien revolucionó su propio entendimiento de la disciplina y del mundo con la llamada teoría del giro lingüístico que —me atrevo a simplificar hasta el extremo porque no es lugar para contarlo de otro modo— venía a decir que el lenguaje es esencial en el proceso de construcción de la realidad social. Fue lo que nos condujo a sumar otras iniciativas desde colectivos que clamaban por ese lugar visible que mostrara sus respectivas realidades. Y se lleva haciendo desde los años setenta del siglo XX, desde organismos internacionales y en leyes y normas —de cumplimiento más o menos obligado— por todo el mundo.

Decir "no pienses en un señoro", como aquel "no pienses en un elefante" de George Lakoff (porque basta que te digan que no pienses en algo para que todo un marco de palabras relacionadas con ese concepto campen por tu mente a sus anchas), es una manera de mostrar la dificultad o la imposibilidad de esconder cuando nombras. Y algo así sucede con quienes rechazan el lenguaje inclusivo, pero exactamente al contrario: quieren imponer la invisibilización como norma y, a la vez, convencernos de que no estar nos incluye.

No hay una definición categórica de lenguaje inclusivo, así que para no dar la mía delante (ya saben, por lo del burro) facilitaré la de la RAE. La más habitual entre las varias que da la institución cuando se le pregunta sobre el lenguaje inclusivo en sus consultas abiertas en redes sociales, es esta:

El llamado "lenguaje inclusivo" supone alterar artificialmente el funcionamiento de la morfología de género en español bajo la premisa subjetiva de que el uso del masculino genérico invisibiliza[25] a la mujer[26].

Hay alguna que otra variante, pero la base es idéntica. Y no tiene desperdicio. Como veis, no responde sobre el lenguaje inclusivo, sino sobre el "llamado lenguaje inclusivo", que le hemos debido de poner el nombre cuatro *chalás perdías* sin nada que

25. Recuerden que *invisibilizar* no estaba en la fecha del tuit (diciembre de 2018) ni está, a día de hoy (23 de noviembre de 2021), en el diccionario.
26. https://twitter.com/RAEinforma/estatus/1069940631580102656

hacer y por eso es "llamado así"; no como el masculino genérico, que tiene un nombre que es el que es y le llegó a Moisés con las tablas de la ley o algo. Un nombre como la RAE manda.

Cuando crees que lo peor ha pasado, llega la segunda parte, y hacemos línea y seguimos para bingo: "[...] supone alterar artificialmente el funcionamiento de la morfología de género en español". A esto no voy a responder yo. A esto va a responder la *Gramática* de la RAE, desde su prólogo. En las primeras líneas, además, tampoco hay que leérsela entera:

La Gramática [...] nos hace ver el maravilloso artificio de la lengua, enseñándonos de qué partes consta, sus nombres, definiciones, y oficios, y como se juntan y enlazan para formar el texido de la oración.

Estas exactas palabras pertenecen al prólogo de la primera gramática académica, publicada en 1771. En los casi dos siglos y medio transcurridos desde entonces, la Real Academia Española ha publicado numerosas ediciones de su Gramática en las que se ha esforzado en analizar este "maravilloso artificio".

No sé si reír o llorar. Porque si algo no es ninguna lengua, es natural o cualquiera perteneciente a nuestra especie tendría lengua (la misma), como se ríe, llora o se le eriza la piel por los mismos mecanismos fisiológicos. Las lenguas son artificiosas, y según la RAE, *artificioso, sa* es:

1. adj. Poco espontáneo, sin naturalidad.
2. adj. Falso, ficticio, artificial.
3. adj. Elaborado con artificio, arte y habilidad.

Y lo artificioso, a poco que lo pensemos, es artificial. O eso se deduce del *DLE*:

**artificial**
1. adj. Hecho por mano o arte del hombre.
2. adj. No natural, falso.
3. adj. Producido por el ingenio humano.
4. adj. desus. Disimulado, cauteloso.

Artificial, del hombre, esta vez lo han clavado. Sigamos con la definicioncita, que, para lo corta que es, nos está dando mucha guerra: "[...] bajo la premisa subjetiva de que el uso del masculino genérico invisibiliza a la mujer". La premisa subjetiva. Porque ya se sabe que ellos son los de la racionalidad y nosotras las de la subjetividad, las histéricas, las que nos alteramos con nada (y a sus ejemplos me remito: *No te enfades, nena* en la definición de *nena*; o, *Hombre, no hay que ponerse así, María*. En la de *hombre*). Porque todo el mundo sabe que si no estás y manifiestas lo evidente (que no estás) es subjetivo. Incluso siendo obvio que si se hubiera pensado para mujeres y hombres no se le habría llamado género masculino, sería género general o genérico, o ambivalente o dual o doble o no desdoblado. Pero no estás y te dicen que sí (una inferencia) y es *superobjetivo*.

Sería hasta gracioso si la manipulación no fuera tan burda.

Muchas veces, las mayores dudas no vienen tanto de si hay necesidad de un lenguaje que no discrimine, sino por las enormes resistencias que desde las instituciones académicas, lideradas por la RAE, y por algunos de sus componentes a título individual y con todo el fervor posible. Hemos de creer que, al entrar a sus reuniones abandonan su rechazo a la igualdad, su misoginia, las ideas sexistas, clasistas, colonialistas u homófobas que reiteran una y otra vez en declaraciones públicas, para pasar a definir de forma objetiva, neutra y aséptica. A categorizar sin el menor sesgo. A decidir sin dejarse influir por su visión del mundo. Su opinión y sus elecciones son neutras. Las nuestras son subjetivas. Y no solo eso, que sean subjetivas, al parecer, las descalifica y deslegitima como propuestas.

Como dice el ya nombrado exdirector de la RAE (yo no tengo culpa de que hable tanto, a mí que me registren), "no ha habido un sanedrín de hombres que se han reunido y han decidido que eso sea así. En muchas lenguas el término no marcado es el masculino"[27]. *Mal de muchos, consuelo de tontos*, decía mi abuela. Y lo decía así, en masculino *genérico*. ¿Y que pase en muchas lenguas lo hace

---

27. Fernando Díaz de Quijano: "Darío Villanueva: 'Modificar el lenguaje nunca erradicará la maldad'", *El Cultural*, 9 de marzo de 2021.

menos discriminatorio, quizás? ¿Qué en la nuestra no se sentaran a establecerlo con la intención expresa de discriminar, pero sí se sentaran a recogerlo sin una sola mujer y que habiendo otras posibilidades hicieran normativas unas y no otras, no le da ninguna pista? También había voces anteriores de mujeres que reclamaban otros usos, textos que los ponían de manifiesto, definiciones y concepciones del mundo distintas que se dejaron fuera. No es excusa.

Que nadie se sentara para discriminarnos "a cosa hecha", que decíamos en mi pueblo, no quiere decir que el sexismo de las lenguas no exista. Tampoco que no tenga consecuencias, porque las tiene.

Efectos en las niñas:

1. Aprenden a construirse como ausentes: interiorizan que ser nombradas no es un derecho, sino una cortesía o una excepción.
2. Asimilan nombrarse solo "para sus cosas". Por extensión, no tienen derecho a nombrar otras realidades que las propias.
3. Aceptan como neutra la perspectiva masculina del mundo. Su identificación como mujeres no es con la humanidad, sino con las congéneres.

Efectos en los niños:

1. Aprenden que tienen derecho a ser nombrados y a nombrar la realidad, sea propia o ajena. Y así lo exigen.
2. Asumen que nombrar a las mujeres es una excepción a una regla general, representada por ellos.
3. Interiorizan que lo femenino debe plegarse a la presencia de lo masculino.

Hay quien, en su no querer nombrar, se retrotrae al protoindoeuropeo. Ahí es nada. Y porque se cree que hace unos tres mil años antes de nuestra era (o sea, que echadle cinco mil añitos a la cosa) nació el femenino para nombrarnos, el español de hoy no es sexista y nos quejamos tontamente de no estar representadas.

Es más, hay quienes dicen[28] (y lo dicen en serio, que es lo mejor) que son los hombres los privados del género individualizado del que disfrutamos. Que es como decir: "A ver, chatis, si ya tenéis la cocina enterita para vosotras ¿para qué queréis salir a la calle?". Además, como no nos solemos enterar de nada, os lo aclaro: resulta que "el masculino" no existe; es solo el reflejo de una terminación de seres animados que había en el protoindoeuropeo este (que ya tenía cara de culpable desde el principio) y que, al parecer, no se sabe muy bien cómo, acabó llamándose "masculino". *Pa* resumir, que el género masculino no existe, pero se llama masculino y que el femenino sí existe, pero se tiene que esconder cuando el masculino que no es masculino aparece por allí. Y eso nos visibiliza y hace privilegiadas. Claro como el agua clara.

Os he contado el resumen para ahorraros el disgusto de leer libros que os van a sulfurar por "sosegadas" que se digan las propuestas que hacen. Por exclusión, si esas propuestas son sosegadas, las nuestras no lo son, claro. Qué se puede esperar de nosotras, si hemos sido unas histéricas toda la vida de Dios (*no te enfades, nena*, que diría el *DLE*).

Se olvidan, quienes así aparentan razonar, de que no es que no nos sintamos, es que no estamos y el que sí nos sintamos incluidas a veces es el resultado de un proceso de doma que los mecanismos lingüísticos refuerzan y aceleran. Sí, he dicho *doma*. Y lo he dicho con toda la intención. Porque se dice que los pueblos protoindoeuropeos fueron los primeros en domesticar los caballos, igual a los señoros les viene de ahí el ahínco por dirigirnos, yo qué sé.

El caso es que, incluso si de todo lo anterior hubiera pruebas irrefutables, ¿de verdad el que pidamos que la lengua sea más adecuada a la sociedad del siglo XXI merece tantísimos reproches? Que siempre fuera así, ¿es motivo para que siga siéndolo si las muestras de que los usos actuales discriminan —vengan de donde vengan y sea la culpa del protoindoeuropeo o del chachachá—?

Si recuerdan aquella primera pregunta de las tres que proponía para revelar la discriminación de las mujeres era, precisamente, si

---

28. Emilio del Río: "Propuesta de acuerdo sobre el lenguaje inclusivo", *Nueva Revista*, 20 de enero de 2021.

estábamos o no. No si alguna norma gramatical dice que estamos, sino si estamos de verdad. Porque si nuestra lengua necesita dos verbos, *ser* y *estar*, para mostrar completa la esencia del ser, claramente, no son lo mismo.

"Ser, estar y parecer son los únicos verbos copulativos", ejem con el nombrecito, recitábamos en la, para mí, lejana escuela. "Colegio", decía yo, que me sonaba más fino, "escuela" se sentía como de peor categoría (entonces se decía *de pobres*). El clasismo inoculado desde la primera clase: "Llamadme 'señorita', no 'maestra', que parecéis de escuela de pueblo". Porque una era de cole de monjas y de pago. Si he salido así con tales antecedentes, hay esperanza.

El "se sentía como de peor categoría" os ha sonado regular. Confesadlo ¿a que sí? Es que no sabía cómo meter con calzador esto sobre "parecer" que nos dice la *GRAE*:

4. Aunque se conserva en la lengua popular, hoy se siente como anticuado en la lengua culta, y debe evitarse, el uso de parecer(se) con el sentido de 'aparecer(se) o dejarse ver en un lugar': "Más de la mitad de los días no parecía por allí" (PValdés *Novela* [Esp. 1921]).

Porque los académicos *se duelen* de que hablemos del sexismo de la lengua (y del suyo). *Sienten como anticuados* ciertos usos "populares", no aparecemos aunque nos dicen que parece que estamos y —después— las subjetivas somos nosotras.

Aunque repetimos muchas veces la célebre cita de Steiner "Lo que no se nombra no existe", parecía innecesario aclarar que no empleamos aquí el sentido literal de las palabras, sino el metafórico. Al *parecer* (apareciendo, además, en sus hasta ese momento indiscutidas aseveraciones) nos precipitamos en nuestras conclusiones, porque hay libros enteros *contra* el lenguaje inclusivo (casi nadie distingue entre no sexista e inclusivo, no sabemos si por pereza o por ineptitud) que basan sus "argumentaciones" en tomar la frase en sentido literal. Y nos recuerdan que sí existimos. Gracias, que haríamos sin ustedes que nos explican cosas.

Da la sensación de que, una y otra vez, quienes se empeñan en hablar de —y a veces también quienes procuran *hablar con*— un lenguaje no sexista, o inclusivo, no se han parado a pensar qué son, qué propuestas hacemos para conseguirlos y así alcanzar un primer grado: el de la comprensión. Porque para poder hablar, escribir, comunicar sin sexismo:

- Tienes que saber qué es lenguaje sexista (y qué no), con qué intención se usa y decidir si quieres hacerlo. Este sería el grado uno, la toma de conciencia.
- Tienes que adquirir las herramientas necesarias y no limitarte a una o dos que repites hasta la saciedad (tuya) y el hartazgo (de quienes te lean o escuchen). Este sería el grado dos, el aprendizaje.
- Tienes que practicar hasta naturalizarlo. Y en este recorrido nos quedamos siempre, como siempre estamos aprendiendo, practicando y mejorando nuestra comunicación. En este tercer grado no *empleas* lenguaje no sexista, ni lenguaje inclusivo: tu forma de usar la lengua ha dejado de discriminar.

Hay quienes están en el primero y se quedan ahí para siempre. Como la legislación española, que una ley te dice que para las administraciones públicas el uso de un lenguaje no sexista es obligatorio, y quienes redactan el resto de normativas si te he leído no me acuerdo.

Hay quienes llegan al segundo escalón de un salto, y como sucede en ocasiones a quien compra un producto en internet, las expectativas y la realidad difieren profundamente. Se quedan desdobla que te desdobla, o empiezan con un *todas y todos* (o un *todos y todas*) y, con la conciencia tranquila tras la vocal salvadora, generalmente con el masculino en primer lugar y, "como es de ley, don Camilo", pasan al masculino.

En el tercer escalón el trabajo ya está hecho. Serán las competencias lingüísticas de cada cual las que determinen si la fluidez es mayor o menor, si los sinónimos son suficientes o no, si podemos desenvolvernos con destreza en uno o varios registros. Es decir, exactamente igual que cuando hablas con lenguaje sexista. Que olvidamos demasiadas veces que las patadas al diccionario, las frases mal estructuradas, la ausencia de concordancia, los tiempos verbales mal empleados o la falta de vocabulario (a los famosos *lo que es, lo que viene siendo, mismamente, digamos, en plan, ¿sí o qué?, ¿sí, no?, ¿estamos?, ¿vale?, ¿me explico?...* me repito) no son patrimonio de quienes intentamos no discriminar.

Pero hay que empezar por el primero. Y el primer paso del primer escalón es ser conscientes de la invisibilización. La mayor parte de la invisibilización se produce por entender el género femenino como el género marcado y el masculino (ya sabemos que no existe, pero vamos a seguir llamándolo así para entendernos, para llegar *a una propuesta de acuerdo, ¿de acuerdo?*) como no marcado. A mí eso de que el femenino sea el género marcado me suena muy bíblico. Como la marca del pecado que Eva trasladó a toda la humanidad hasta el fin de los tiempos por aquello tan tonto de comer el fruto del árbol del conocimiento (quien la mandaría, pudiendo haberse quedado sin saber para los restos y va y la lía).

De nuevo, las mayúsculas son de la *GRAE*:

2.2a El GÉNERO NO MARCADO en español es el masculino, y el GÉNERO MARCADO es el femenino. Como se explica en el § 1.5j, la expresión no marcado alude al miembro de una oposición binaria que puede abarcarla en su conjunto, lo que hace innecesario mencionar el término marcado. En la designación de seres animados, los sustantivos de género masculino no solo se emplean para referirse a los individuos de ese sexo, sino también —en los contextos apropiados—, para designar la clase que corresponde a todos los individuos de la especie, sin distinción de sexos [...]

Ya tenemos al segundo sospechoso de nuestra investigación sobre la desaparición de las mujeres en la lengua española (el primero era el [proto]indoeuropeo, por si se te había olvidado ya): el mal llamado "masculino genérico" o "uso genérico del masculino", término mucho más acertado pues no "es" genérico, sino que se usa como tal.

Que el género gramatical tenga que ser usado, en el caso de las personas, tanto para los varones de forma específica como para cualquier integrante de la especie, sea varón o mujer, tiene su reflejo directo en el diccionario:

**hombre**[29]
Del lat. *homo, -ĭnis.*
1. m. Ser animado racional, varón o mujer. El hombre prehistórico.
2. m. Varón (‖ persona del sexo masculino).

Hay más definiciones, pero ya tuvieron sus minutos de gloria en libros anteriores, no entraré (tampoco) en ellas. El que durante siglos se haya identificado al varón con la especie produce una consecuencia conocida como *androcentrismo*: *hombre* se identifica con humanidad y se piensa en el ser humano como masculino.

Por cierto, la RAE en su diccionario se hace un poco de lío no sé si con las etimologías, con los ejemplos o con las definiciones: para el sufijo *andro-*, del griego *andro-*, *andrós*, 'varón':

**andro-**
Del gr. ἀνδρο- *andro-*, de ἀνήρ, ἀνδρός anḗr, *andrós* 'varón'.
1. elem. compos. Significa 'hombre, varón'. Androcentrismo.

Para el lema *androcentrismo*:

De *andro-*, *centro* e *-ismo*.
1. m. Visión del mundo y de las relaciones sociales centrada en el punto de vista masculino.

Y si viene de *centro* y no de *varón*, ¿no estaría mal definida la palabra? En fin. Si lío es la etimología, más lío es el androcentrismo, venga de donde venga.

Medicinas y vacunas probadas solo en hombres pasan los controles sanitarios como "testadas en humanos" y es cierto, se testaron en humanos, aunque no en humanas. Se hacen campañas de salud contra los accidentes cardiovasculares y solo se publicitan los síntomas en varones, sin aclarar este "pequeño detalle"; se prueban cinturones y airbags en maniquís con pesos estándar de hombre de complexión media, sin maniquís de mujeres de complexión media... Por eso, los libros de escritoras sobre temas considerados "de

---

29. Búsqueda en el DLE online de 25 de noviembre de 2021.

mujeres" van a una sección de *literatura femenina*, pero los libros de escritores sobre temas considerados "de hombres" van a la sección de *literatura*. Sin etiquetas. Porque a ellos nada de lo humano les es ajeno y cualquier cosa de su interés pasa a ser de interés universal. De hecho, es el uso genérico el primero en definirse.

Entonces ¿por qué la *GRAE* nos dice en el mismo apartado sobre "El género no marcado. Empleo del masculino genérico, punto 2.2e" lo siguiente?:

Es obvio, sin embargo, que la expresión los hombres no incluye de modo general a las mujeres. No lo hace, por ejemplo, en *las condiciones laborales en las que se contrataba a los hombres*; *en los hombres que viven en este edificio* [...], o en *Los hombres solo dicen mentiras* (Delibes, Ratas). Estas diferencias ponen de manifiesto que el uso del masculino como término no marcado en la oposición léxica *hombres/mujeres* no está determinado únicamente por factores gramaticales, sino especialmente por las condiciones contextuales o temáticas que favorecen la referencia a la especie humana. Son, en cambio, muchos los contextos en los que el uso del masculino plural (los escritores, los veraneantes, los espectadores, los bolivianos en los textos citados en el § 2.2b) abarca a los individuos de ambos sexos, aun cuando el contexto o la situación podrían no dejar suficientemente claro en algún caso particular que ello es así.

Resumo lo que nos interesa a efectos de lenguaje no sexista: *hombres* no incluye a las mujeres. El masculino genérico no siempre deja claro a quién se refiere, si a mujeres y a hombres o solo a hombres. Lo dice la *Gramática* de la RAE. Aunque el *DLE* la contradiga y siga teniendo como primera acepción: 'Ser animado racional, varón o mujer'. No es un caso aislado, *GRAE* y *DLE* a veces opinan distinto sobre cuestiones "puramente" gramaticales y pretenden que hagamos caso a ambos criterios a la vez, tela marinera. Pasó, por ejemplo, con *huésped* y *huéspeda*. Durante medio siglo el *DRAE* (aka *DLE*) dijo que tenía flexión en género: *huésped, da*. La *GRAE* que no tenía flexión: *el huésped, la huésped*. Y la gente sin saber si prefería los macarrones de mamá o de papá y sabiendo que todas las respuestas iban a ser malas. Y ahí sigue, como en *presidenta*, o en *jueza*. Para nombrarnos se puede elegir. Te avisan si es más usado uno u otro, y hala. Si usted prefiere no nombrar a las mujeres, tómese la libertad y decida. Para escondernos queda la cosa a voluntad de quien habla. Existe el femenino, pero ¿usted prefiere no usarlo? Pues no lo use. Total, ¿para qué?

Si en la Academia no se leen ni entre sí, como para pedir que lean lo que decimos las feministas (y aquí me falta un emoji de cara llorando, pero como dicen mis *sobris* que está anticuado y no quiero quedarme obsoleta como quien yo me sé, imaginen una calavera que es lo *cool* y un tanto perverso —por ahora— para expresar la idea de morirse de risa).

El asunto es que eso de decir que no se nos nombrara junto al masculino no entró al *Diccionario panhispánico de dudas* hasta 2001 (esto ya os lo dije pero para que no se nos olvide) ni a la *GRAE* hasta 2009:

Esta doble mención se ha hecho general en ciertos usos vocativos en los que el desdoblamiento se interpreta como señal de cortesía: *señoras y señores, amigas y amigos*, etc., acaso por extensión de la fórmula *damas y caballeros*, que coordina los dos miembros de una oposición heteronímica. Exceptuados estos usos, el circunloquio es innecesario cuando el empleo del género no marcado es suficientemente explícito para abarcar a los individuos de uno y otro sexo, lo que sucede en gran número de ocasiones.

Nombrarnos es innecesario. Este párrafo se repite hasta la saciedad. No creo que exista quien se dedique a algo relacionado, aunque sea de lejos, con el lenguaje, que no lo haya dicho (o escuchado) en alguna ocasión.

La *GRAE* dice que algo es "innecesario" veintitrés veces. Son cuatro mil y pico páginas (4.808, exactamente), así que hay pocas cosas innecesarias en lo que a la gramática se refiere, o eso podría concluirse.

Para el *DLE* es innecesario lo que es 'no necesario'. Y es necesario lo que 'hace falta indispensablemente para algo'.

Pues bien, es innecesario, de acuerdo con la *Nueva gramática*:

1. Nombrar el género no marcado cuando el marcado ya se nombró. (2.2.a página 170 del PDF). Porque no es indispensable nombrar lo femenino una vez nombrado lo que siempre es necesario indispensablemente: lo masculino.

2. "[...] el circunloquio es innecesario cuando el empleo del género no marcado es suficientemente explícito para abarcar a los individuos de uno y otro sexo, lo que sucede en gran número de ocasiones" (Capítulo 2.2f. Página 173). Ese párrafo es textual. Llama *circunloquio* a lo doble mención en femenino y masculino. Circunloquio es, en el DLE, 'Rodeo de palabras para dar a entender algo que hubiera podido expresarse más brevemente'.
3. Es innecesario decir *las adolescentes* si se ha dicho *los adolescentes*. (Capítulo 2.2f. Página 173). Este "innecesario" está en el mismo párrafo del mismo apartado del mismo capítulo que el anterior. De veinticinco veces que se usa la palabra ya hemos visto dos en un solo párrafo, tres en un solo capítulo. Cinco, antes de llegar a la página doscientas de más de seis mil (si incluimos fonética y fonología).
4. Acerca de irregularidades en terminaciones que no eran lingüísticamente necesarias, pero se han instalado en el idioma (no como las mujeres, que por innecesarias no nos quieren dejar instalarnos y recogerlo después una vez constatado). Como *piecero* o *piecera* para la parte de la cama donde se ponen los pies, en relación con el *cabecero* o *cabecera*, donde se pone o apoya la cabeza (Capítulo 6.8n).
5. Ciertas terminaciones en *-ista* que acortan sus originales aunque sea innecesario gramaticalmente (Capítulo 6.9i).
6. Hablando de la evolución en el tiempo de las palabras, nos señala aquí lo innecesario del análisis diacrónico en algunos casos (Capítulo 7.1i. y 7.11.i).
7. Este punto requiere transcribir un párrafo (*GRAE*, 8.10.p) en lugar de resumirlo. Es un ejemplo de cómo la *Gramática* desliza su visión eurocéntrica del mundo, su visión colonialista de la lengua española y lo camufla con palabras. Algo que suele pasar desapercibido para las miradas desentrenadas y, mucho me temo, para la propia Academia:

A este paradigma pertenecen las alternancias valorar ~ valorizar; culpar ~ culpabilizar o musicar ~ musicalizar. El prestigio que cabe otorgar a algunas formas de este grupo puede depender igualmente de los países en los que se emplean. Se suele rechazar, por ejemplo, el verbo concretizar en el español europeo (en cuanto que se entiende que resulta innecesario porque existe concretar). Sin embargo, este verbo, que figura en el *DRAE*[30], se usa con profusión en la lengua estándar de muchos países americanos, en los que no es forma desprestigiada.

A mí me parece que eso de "se entiende" sobra. Sí me saltan las alarmas con la expresión "español europeo". El número de países de Europa que tienen el español como lengua oficial es igual a uno: España. Aunque queda más suave decir español de Europa en lugar de español de España, para que no se note tanto que, en realidad, pensamos que su lengua es nuestra (nuestra de España, no nuestra del conjunto de quienes la hablamos). Nos aclaran por qué, no se crean:

> Al igual que se emplea en lingüística la expresión *francés europeo* (el de Francia, Bélgica y Suiza) para oponerlo al canadiense o al hablado en otras partes del mundo, se adopta el término de español europeo para hacer referencia al hablado en España.

Si hay tres países de Europa con ese idioma, tiene sentido decir "europeo". Si hay uno, no hay más sentidos que la simulación o la imitación: Real Academia Española, copiando a la francesa desde 1713. Y no se cortan. Reconocen que han copiado con toda tranquilidad.

Lo mejor, sin embargo, nos espera al final del párrafo. *Concretizar* no es "la forma prestigiada en el español americano", sino que "en muchos países americanos" (no como en los europeos donde, ejem, solo era uno) "no es la forma prestigiada". La economía del lenguaje estaba pasando la revisión anual, al parecer, porque no apareció por aquí. Lo del circunloquio innecesario y el rodeo de palabras, por lo visto, para la RAE no aplica.

---

30. La referencia al *DRAE* es de la *Gramática*, el nombre del diccionario académico no pasó a ser *DLE* hasta la 23ª edición.

8. En enumeraciones de adjetivos formados con prefijos (Capítulo 10.10b), antónimos (Capítulo 25.3v).
9. En frases de ejemplo: Capítulo 12.1n, capítulo 26.e, capítulo 38.7r, capítulo 15.4e (en este apartado el ejemplo es, además, del texto de un académico; son como Juan Palomo, yo me lo guiso yo me lo como), capítulo 38.7r.
10. Para referirse al uso de "artículo indeterminado + cierto" cuando quien enuncia conoce el referente pero considera innecesario decirlo o quiere dejar la intriga. El único ejemplo con personas, casualmente, "una cierta señorita" (Capítulo 13.10h).
11. En español "otro" ha adquirido los rasgos indefinidos de "un", por lo que suele ser innecesario que se unan. Es más habitual decir "Otro día" que "un otro día". Y, aunque se recomienda no usar ese "un" puede hacerse (Capítulo 13.10q).
12. Es innecesario en algunos contextos el uso de "tal" como no neutro (equivalente a eso) (Capítulo 17.10h).
13. Es innecesario mantener a la vez el concepto de pretérito imperfecto como aspectual y copretérito. O sea, que puedes elegir uno u otro, pero no los dos (Capítulo 23.10b).
14. Es innecesario anteponer "de" a día, noche, semana, mes, año, etc., si modifican sustantivos temporales. ¿Que qué? Que quites el "de" de delante si va a haber uno detrás, vamos. El día antes de la boda" y no "El día de antes de la boda" (Capítulo 30.6n).
15. Es innecesario considerar "porque" y "para que" como conjunciones subordinantes en determinados contextos. Vale, oído cocina (Capítulo 31.11b).
16. La vigésimo primera referencia a *innecesariedad* es otra regañina, esta vez no a las feministas ¡aleluya! Sino a quienes usan con laxitud el concepto de "transitividad". Es innecesario tomarlo tan a la ligera, caramba. Cómo sois usando las palabras, ahí, como queréis; no como la RAE, que siempre define y usa todas tan requetebién (Capítulo 34.1d).
17. En los impersonales con "se" el interpretar teóricamente que en frases como "no se trabaja mucho" hay un pronombre tácito en función nominal preverbal. Cuestión a todas luces

necesaria para el común de mortales en nuestras conversaciones cotidianas (Capítulo 41.10.h. Página 4.802 del PDF).
18. Es innecesario sustituir los términos clásicos "pronombre interrogativo" y "adverbio interrogativo" por otros nuevos cuando el término "interrogativo" se interpreta de la manera indicada. ¡Ajá! La interpretación adecuada como indicativa de la *necesariedad* o no.

Apunten esto porque veremos cómo en muchas ocasiones la interpretación del masculino genérico es "engorrosa" (apunten *engorrosa* y verán cómo, desde la RAE se emplea mucho cuando se habla en medios sobre lenguaje no sexista) y, aun así, la norma nos compele a usarlo en exclusiva (Capítulo 43.7.c de la *Gramática*).
19. Negación expletiva (la que se hace para enfatizar, porque esto, claro, no es redundante como nombrar a las mujeres es innecesario pero es enfático y se admite).

Un ejemplito de la propia RAE (*GRAE* 48.11a y 48.11b) para entenderlo y para pillarles en un renuncio: "No nos iremos hasta que no nos digan la verdad", que podría ser "No nos iremos hasta que nos digan la verdad" y significaría lo mismo. O, si eso de la economía del lenguaje fuera cierto, solo sería correcto: "Nos iremos cuando nos digan la verdad", que es la frase de mayor "economía expresiva". O mejor: "Digan la verdad y nos vamos". O "Tú verdad, yo ir". Pero ¿a quién le importa la economía expresiva si hay que saltársela para algo? Solo hay una respuesta posible: a machistas cuando es para nombrar a las mujeres. Para todo lo demás rigen la expresividad, el énfasis o cualquier otra intención de quien enuncie. Para nombrar a las mujeres la "economía del lenguaje" se convierte en norma suprema.

Para que al llegar a la última página no nos hayamos olvidado de aquellas primeras cuestiones innecesarias, la *GRAE* hace algún amable recordatorio cuando el tema de nombrar a la mitad de la población mundial aparece, aunque sea de refilón.

Por ejemplo, en el capítulo 15.8c, que va sobre los artículos, nos recuerda: "Sobre la duplicación innecesaria de grupos nominales en expresiones como *los maestros y las maestras*, véase el § 2.2f".

Y vuelve a reafirmarse la RAE en que no es necesario algo que tiene que ver no con teorías de interpretación lingüística (que si habéis llegado a la edad que tengáis sin saber cuáles son no os hará ningún mal seguir sin saberlo), no a lo que al uso concreto de dos preposiciones juntas se refiere, no a una negación en un caso puntual o un sufijo, prefijo o infijo en su evolución histórica; no. Afirma, otra vez, que no es necesario nombrar a la mitad de la población. ¿Por qué? Porque lo dice la gramática. ¿Y por qué lo dice la gramática? Porque así lo decidieron quienes siempre están nombrados. ¿Y por qué no se cambia? Porque es innecesario. Y así en un bucle *señoro* infinito hasta el fin de los tiempos.

Lo que no nos dicen casi nunca es que la GRAE dice, además, que no solo *hombre* no incluye a mujeres sino que, en muchas ocasiones, se ha observado que por muchas vueltas que les des a algunos masculinos referidos a personas no hay forma de ver a mujeres en ellos. Esa es la explicación corta, en la GRAE lo dicen más adornado, como es costumbre.

Se ha observado que ciertos plurales de sustantivos masculinos de persona (*monjes, brujos*, etc.) muy raramente comprenden a las mujeres, sea cual sea el contexto en que se usen. Otros, como soldados, pueden incluirlas solo en contextos particulares. La interpretación no marcada es también difícil de obtener en ocasiones con los sustantivos que forman parte de oposiciones heteronímicas. Si se compara el par *marido/mujer* con el par *hombre/mujer*, se comprueba que la expresión *los maridos* no abarca a las mujeres (2.2e).

Absolutamente remota es la posibilidad, salvo que te dediques "a cosas de la lengua", de que hayas oído hablar de esto otro que (aunque quizás te sorprenda) dice la norma gramatical española:

22.g. [...] el contexto puede no dejar suficientemente claro, en casos muy específicos, que el masculino plural comprende por igual a los individuos de ambos sexos. Una opción posible es acudir a las fórmulas desdobladas como *Los españoles y las españolas pueden servir en el Ejército*. Otra opción es especificar la doble mención en alguna apostilla o mediante un modificador restrictivo que aclare la extensión del grupo nominal:

[...] la libertad individual de los miembros de un Ejército que, a medio plazo, estará formado exclusivamente por profesionales, tanto hombres como mujeres (*El País* [Esp.] 30/8/1997); Según la propuesta de ley que pretende presentar en la Cámara Alta, los primogénitos heredarán la Corona británica sea cual sea su sexo (*El Mundo* [Esp.] 30/10/1996)...

Aunque se nos recuerde la prohibición de forma machacona, las excepciones, que no son pocas, y cómo hacerlas, están en la misma gramática —no en un volumen aparte, no en textos ignotos, no en algún volumen feminista (*vade retro*, Satanás)— y ni nos suenan. Es un "búscate la vida, lista, si tanto sabes". Y, cuando estas mismas soluciones se proponen en un manual o en guía con enfoque feminista, la norma deja de ser aplicable para pasar a ser ridiculizada.

Apunten:

- Si el contexto no deja suficientemente claro que se incluye a mujeres y hombres, podemos recurrir a fórmulas *desdobladas*.
- Cabe la posibilidad de hacer una apostilla (como el "tanto hombres como mujeres" del ejemplo y que, por cierto es de 1997).
- Se puede usar un modificador restrictivo que aclare la extensión del grupo nominal (como el "sea cual sea su sexo" que es un ejemplo de 1996; nada nuevo bajo el sol).

Porque, que el presunto genérico a veces no nos muestre, no es algo en lo que hayamos caído nosotras, por feministas; es algo que la propia gramática ha observado y para lo que ha dado unas herramientas.

También aclara la *GRAE* que, en ocasiones, el "desdoblamiento" es necesario. ¿Qué, qué, quéééé? Has leído bien: el desdoblamiento es necesario. Sí. La RAE dice que a veces el desdoblamiento es necesario. Y que no siempre se puede inferir que el masculino plural incluye a las mujeres.

El desdoblamiento es necesario cuando la estructura sintáctica de la oración pone de manifiesto que se habla de dos grupos diferentes de individuos. Es esto lo que indica el término de la preposición *entre* en *las diferencias de opinión existentes entre los profesores y las profesoras* (2.2g).

Y cuando creíamos que no quedaba claro ¡tachán!, la RAE dice que se puede *desdoblar* (pero dice fórmula coordinada que disimula, a ver si así no nos salta a la vista) o aclarar de otro modo.

También es precisa la fórmula coordinada en algunos grupos nominales sin determinante, ya que la coordinación suple la ausencia de este. Así, en lugar de la expresión subrayada en *¿Cómo influye en alumnos y alumnas el modo en que se organiza el espacio en la escuela?* (Monitor 11/2001) podría haberse dicho los alumnos, pero no únicamente *alumnos* (2.2g).

Respirad, que igual no os habéis dado cuenta de una parte importante con la sorpresa. Inspirad, espirad. ¿Ya?

1. Si hay dos partes bien diferenciadas en la frase no es que puedas hacerlo, es que tienes que hacerlo.
*Las diferencias de opinión existentes entre los profesores y las profesoras.* Gramaticalmente adecuado y no sexista.
*Las diferencias de opinión entre los profesores.* Gramaticalmente inadecuado y sexista (si hay mujeres).

2. Si le quitas el determinante al masculino plural tienes que desdoblar (otra vez, ¿pero bueno, cómo no nos cuentan esto un poco más a menudo?).
*¿Cómo influye en alumnos y alumnas el modo en que se organiza el espacio en la escuela?* Si crees que afecta de forma diferenciada, gramaticalmente adecuado y no sexista.
*¿Cómo influye en alumnos el modo en que se organiza el espacio en la escuela?* Si crees que afecta de forma diferenciada, gramaticalmente inadecuado y sexista.
*¿Cómo influye en los alumnos el modo en que se organiza el espacio en la escuela?* Si crees que afecta de forma diferenciada, gramaticalmente adecuado, aunque sexista.

El tema es que, sin darse cuenta, nos han dado una pista para que la flexión en género sea necesaria: eliminando el determinante del masculino. Apuntad el truco.

No queda aquí la cosa, sin ser necesario, puede ser conveniente:

El uso genérico del masculino plural en los sustantivos se extiende a otros muchos contextos. Así, en *Ana no tiene hermanos*, se entiende... *ni hermanas*. No obstante, al igual que en los casos que se mencionaron en el apartado anterior, el hablante puede considerar que, en ciertos contextos, esta INFERENCIA no es suficientemente segura, lo que hace conveniente el desdoblamiento.

Puede ser esta, de lejos, la *inferencia* más peregrina de toda la GRAE (2.2.h). Si dicen de mí *María no tiene hermanos* y se infiere que no tengo hermanas, el error es igual a dos unidades de hermanas, que son las que tengo.

Así que, a pesar de la insistencia en lo contrario, nombrar a las mujeres es bastante más necesario para hablar un español "gramaticalmente correcto", de lo que en principio nos quieren hacer creer. Por ejemplo, aparte de las que vimos hace un rato, hay otras once referencias a la no necesidad (la palabra *innecesariedad* no existe), casi todas ellas sobre debates teóricos de análisis de categorías gramaticales. No sobre la necesidad o no de nombrar algo, sino sobre la necesidad o no de nombrar algo de determinada manera o, de llamar de una forma u otra a lo que ya se nombra de forma expresa o a lo que no se nombra (y se reconoce que no es nombrado).

Históricamente ha sido necesario. En el diccionario les pareció necesario hasta 2014: hay tantas excepciones a la norma de no desdoblar como espacios de aplicación de tal norma. Y, sin embargo, se empeñan en trasladar a la sociedad la parte que se corresponde con su posicionamiento ideológico. Aquí, al menos, mostramos pros y contras, porque consideramos que quien habla tiene el derecho y el deber de elegir cómo lo hace tras decisiones informadas. Y no basándose en mentiras malintencionadas.

No nombrar a las mujeres tiene consecuencias. Vimos cómo niñas y niños asimilan por mecanismos lingüísticos patrones de sexismo que después recibirán de forma acrítica, como si fueran naturales. Pero no solo. Las mujeres, al no ser nombradas, desaparecemos del imaginario colectivo.

Por eso cuando se utilizan términos como *pueblo* o *persona*, en los que mujeres y hombres estamos sin ninguna duda, se pasa a concordar en masculino. O se deja ver, pasadas unas palabras, que solo se pensaba en un grupo de hombres. "El pueblo bajó hasta el muelle, las mujeres se quedaron con los preparativos de la fiesta". Ese pasar de lo colectivo a lo masculino se llama salto semántico y, si se pone atención, se desliza en la lengua hablada cientos de veces al día. Y en la escrita algunas menos, pero demasiadas para no ser reveladoras. Si hemos llegado hasta aquí y no hemos desaparecido del todo tan malo no será, ¿no? Si hay mujeres que consiguen Premios Nobel, que viajan al espacio, que se sienten incluidas en el masculino genérico e incluso que prefieren ser nombradas en masculino, será por algo, ¿no? Por supuesto que es por algo: porque se nos enseña que es así. Y se aprende por mecanismos lingüísticos un sistema de exclusión que crea problemas, que tienen consecuencias y a los que, desde el feminismo, llevamos décadas aportando soluciones.

Si nos fijamos en los verbos que usaba la RAE para hablarnos del género no marcado y dónde estábamos las mujeres, no es "estar" el más habitual: pueden incluirlas (no "las incluyen"), deducir, inferir, interpretar.

Una cosa que nos dicen mucho es que afeamos el lenguaje (y todo el mundo sabe que ser fea, o feo, es de lo peor que puede haber). Por ejemplo, lo dijo en 2021 el señor Muñoz Machado, director de la RAE: "El lenguaje inclusivo afea el lenguaje de una manera realmente insostenible[31]".

No pienses en un señoro, o verás que está detrás de la norma que quieren hacer pasar por objetiva. No nombres a una señora, pero piensa en ella. Si puedes. Por eso podemos hacer adivinanzas como esta:

Pérez tenía un hermano, el hermano de Pérez murió, pero el hombre que murió nunca tuvo un hermano.

Pérez es neutro, podría ser tanto una mujer como un hombre. Pero nuestra mente, sin un entrenamiento o una referencia previa, interpretará a Pérez como un varón. Pero, como en la frase *María no tiene hermanos* (no digáis que no teníais pistas), no había hermanos pero había una hermana. Esta adivinanza solo es posible porque el masculino genérico (y el androcentrismo que se genera al usarlo de forma sistemática) se interpreta, demasiadas

---

31. "El director de la RAE: 'El lenguaje inclusivo afea el lenguaje de una manera realmente insostenible'", *ABC*, 27 de mayo de 2021.

veces, como específico. Y son las normas gramaticales las que nos enseñan a traducirlo así por defecto. El primer obstáculo, la invisibilización, no era imaginario. La RAE no solo lo reconoce donde tiene que hacerlo, en su gramática, sino que nos da las herramientas para superarlo: nombrar. Dejar claro a quién te refieres. Evitar que haya que deducir ni que inferir. Y nombrar por diferentes métodos:

1. Usar la flexión en uno y otro sexos (*españolas y españoles, españoles y españolas, profesores y profesoras, profesoras y profesores*).
2. Hacer apostillas o aclarar (*mujeres y hombres, hombres y mujeres, unos y otras...*).
3. Usar expresiones que aclaren la extensión del grupo nominal (*de ambos sexos, sea cual sea su sexo, sin importar su sexo...*).

¿Qué hay que evitar, por tanto? Usar la flexión en género como la única herramienta y hacerlo de forma sistemática y descontextualizada sin pararse a pensar si un instrumento lingüístico diferente podría haber dado ese mismo resultado.

El día 5 comienza el XV Seminario de Lengua y Periodismo de la @Fundeu y la @fsanmillan. Se organizará en torno a tres debates en los que participarán científicos, divulgadores, filólogos y periodistas. Te contamos un poco más sobre el primero[32].

Quienes no saben qué es el lenguaje no sexista, propondrían como única alternativa (y, de nuevo, no sabemos si con mala o peor intención): "El día 5 comienza el XV Seminario de Lengua y Periodismo de la @Fundeu y la @fsanmillan. Se organizará en torno a tres debates en los que participarán científicos y científicas, divulgadores y divulgadoras, filólogos y filólogas y periodistas. Te contamos un poco más sobre el primero". O, peor aún, para generar la máxima ridiculización habrían acabado la enumeración diciendo "periodistos y periodistas".

---

32. FundéuRAE desde @Fundeu https://twitter.com/Fundeu/estatus/1443578647135207438?s=20

Hay otras alternativas no sexistas, mucho más fluidas que seguirían cabiendo en un tuit y que pocas veces se reconocen o se ponen como ejemplo:

El día 5 comienza el XV Seminario de Lengua y Periodismo de la @Fundeu y la @fsanmillan. Se organizará en torno a tres debates en los que participarán especialistas en ciencia, divulgación, filología y periodismo. Te contamos un poco más sobre el primero.

En este caso, salvo que ya se haya hecho mención expresa a mujeres y hombres anteriormente, el marco conceptual androcéntrico podría jugarnos una mala pasada y que nadie pensara en que hay mujeres que son especialistas en esas y otras muchas áreas. Despersonalizar o neutralizar un texto exige valorar antes el contexto, la audiencia, el público para calibrar si es la mejor opción. En caso de duda, no dejes nada a la imaginación.

También hay solución en los caracteres necesarios (la verdad es que rara vez no la hay):

El día 5 comienza el XV Seminario de Lengua y Periodismo de la @Fundeu y la @fsanmillan. Se organizará en torno a tres debates en los que participarán mujeres y hombres especialistas en ciencia, divulgación, filología y periodismo. Te contamos un poco más sobre el primero.

Decidan si las dos últimas alternativas afean el anuncio de manera realmente insostenible o si alguien habría sabido, siquiera, reconocer que era un lenguaje no sexista.

¿Tenemos, entonces, que usar el masculino genérico siempre y en todo momento para cumplir con la gramática de la lengua española? No. Serán el contexto, el criterio de quien habla o escribe, la posibilidad de ambigüedad y el éxito de la comunicación lo que aconseje no aplicar esa regla general. Las excepciones, como hemos visto, son multitud. Un poco más adelante veremos los ejemplos de cómo hacerlo en distintos contextos comunicacionales.

Por cierto —y por curiosidad—, cuando dije "no pienses en un señoro", ¿en quién pensaste?

# CAPÍTULO 4
# DIME CÓMO NOMBRAS Y TE DIRÉ CÓMO VALORAS.
## LO DE LA JERARQUIZACIÓN

> Cuidado con las palabras
> (dijo)
> tienen filo
> te cortarán la lengua
> cuidado
> te hundirán en la cárcel
> cuidado
> no despertar a las palabras [...][33].
>
> ALEJANDRA PIZARNIK

Decía Ignacio Bosque, académico de la RAE y autor del primer informe de la Academia contra el lenguaje inclusivo, en el prólogo a uno de los muchos manuales de teoría y práctica del análisis sintáctico existentes en el mercado que "Cualquier persona relacionada profesionalmente con la gramática y con cierta experiencia en la enseñanza o en la investigación, sabe bien que el lugar en el que residen verdaderamente los conocimientos gramaticales es la punta de los dedos". Y en la punta de la lengua, añadiría yo.

Porque, por muchas razones gramaticales que haya para usar una determinada construcción sintáctica, ortográficas para no poner la tilde a *solo*, lingüísticas para arremeter contra el uso de un lenguaje no sexista e inclusivo, la realidad es que cada quién habla como es, habla como ve la realidad y habla para construir una idea determinada del mundo en la mente de quien lee o escucha. Por ese motivo no hablamos o escribimos de la misma manera con la clientela que con nuestra familia. Con el tribunal que examina de una oposición que con las amigas o amigos en una fiesta de cumpleaños. La forma en la que nos dirigimos a unos u otras varía dependiendo del contexto, del objetivo, del aprendizaje previo, de nuestras competencias y habilidades lingüísticas.

---

33. Alejandra Pizarnik, "Cuidado con las palabras (dijo)", *Poesía completa*, 1955-1972, disponible en la Biblioteca virtual Graciela Hierro.

Esto que es cierto para la comunicación en general, ¿por qué no habría de serlo para la comunicación no sexista —y por extensión a la inclusiva— en particular? ¿Por qué someter el fondo a la forma? ¿No debería de ser la forma la que sirviera para transmitir el fondo en toda su simpleza o complejidad? ¿Por qué norma lingüística, gramatical o acuerdo de hablantes tendríamos que renunciar a usar la lengua como nos dé la gana asumiendo los riesgos de que haya quien no nos entienda si nuestra innovación va "demasiado lejos"?

Las gramáticas del español, como recuerda Mª Luisa Calero en el artículo[34] ya mencionado, recogieron los "accidentes gramaticales" género, número y caso durante los siglos XV, XVI y XVII, a pesar de que el caso había dejado de ser operativo mucho antes. La forma por la forma. Aferrarse a la norma solo por ser quien tiene el poder de cambiarla. ¡La RAE sí que es un caso!

El asunto es que el orden gramatical establecido acaba formando parte de nuestro modo de organizar el mundo. Las estructuras que usamos para que nuestro cerebro simplifique sus procesos y pueda trabajar con rapidez están mediatizados por la lengua que hablamos: lo hace de acuerdo con unos parámetros determinados que interiorizamos conforme adquirimos el uso del lenguaje y, con él, la capacidad de pensar y pensarnos en el mundo. Por ejemplo: el tiempo, algo abstracto, en nuestra lengua lo situamos en lugares. Decimos "mirar hacia atrás", para el pasado. "Mirar hacia adelante", para el futuro. El tiempo y el espacio con el ser humano que enuncia como centro. El *hombre* como medida de todas las cosas.

El masculino, cuando se refiere a personas, es sinónimo de humanidad; el femenino solo nombra a las mujeres. Si hay un solo hombre en un espacio todas las mujeres quedarán subsumidas en el masculino gramatical para que él quede representado; que ellas no estén es indiferente. No solo quedamos silenciadas, forzosamente eso nos sitúa en el mundo en una posición subordinada. Lo masculino y lo asociado a él ocupan toda una red de significados mentales que evocamos de manera imperceptible y desaloja a las

---

[34]. Mª Ángeles Calero Fernández, "La relación género gramatical-sexo biológico desde Nebrija hasta 1771", *Nebrija V centenario: actas del Congreso Internacional de Historiografía Lingüística*, vol. 3, Universidad de Murcia, pp. 121-140.

mujeres del retrato mental creado al leer, escuchar, pensar o imaginar.

Cuando deseamos avanzar en la construcción de un mundo sin discriminaciones la lengua es una herramienta imprescindible. Reconocerlo es poner a la lengua en un lugar central en nuestras preocupaciones. Rechazamos la idea de que haya que hablar de un modo determinado "porque siempre fue así" o no usar todas las herramientas lingüísticas al alcance de nuestras habilidades para comunicar cómo queremos el mundo, cómo lo vemos, cómo lo construimos.

Quienes consideran que hay "cosas más importantes", ¿podrían decirnos algo importante que pueda hacerse sin algún tipo de lenguaje, el que sea? ¿Hay alguna razón para que haya que conseguir la igualdad primero y ocuparnos del lenguaje después, como tantas veces he escuchado? Eso sin entrar en lo improbable que sería alcanzar la igualdad en una sociedad cuya herramienta de comunicación es sexista o discriminatoria. Tanto como que solo ciertas palabras pudieran cambiar el mundo como si fuesen conjuros.

Este ¿manual, guía, recopilatorio, libro? parte de la base de que ya te aupaste, como mínimo, al primer peldaño de los necesarios para aprender a comunicar de una forma no discriminatoria: crees que las palabras son tan importantes que quieres usarlas para mejorar el mundo o, como mínimo, para remover algunos de los cimientos de conformismo que nos anclan al pasado.

Decía la escritora Carmen Posadas en una entrevista en 2021[35] que "es más fácil pelear por *bobadas* como el lenguaje inclusivo que solucionar los problemas reales de las mujeres". Una escritora despreciando su herramienta de trabajo: las palabras. Una falacia repetida: hay que elegir. Una palabra malintencionada: reales.

Las buenas noticias para ella y quienes piensan como ella son que aquí nos afanamos en el uso del lenguaje inclusivo, creemos en el poder de las palabras; sabemos trabajar en la solución de los problemas de las mujeres mientras utilizamos un lenguaje que no las discrimine y que, afortunadamente, sabemos qué problemas

---

35. Marta Díaz de Santos: "Carmen Posadas: Es más fácil pelear por 'bobadas' como el lenguaje inclusivo que solucionar los problemas reales de las mujeres", *Capital*, 4 de julio de 2021.

son reales y no nos acordamos de ellos solo como excusa para arremeter contra usos no discriminatorios de la lengua.

Cambiar el modo en que hablamos supone haber cambiado el modo en que pensamos y es ese cambio primigenio el que mueve el mundo, concretamente, hacia adelante.
Se usa un lenguaje que discrimina por tres motivos:

- Hablamos así porque no sabemos hacerlo de otro modo. Si no sabes, aprender depende de ti.
- Hablamos así porque no queremos hacerlo de otro modo. Si no quieres, llegaste al lugar equivocado.
- Hablamos así porque no podemos hacerlo de otro modo. Si no puedes, concédeme el beneficio de la duda y permíteme decirte que sí puedes, aunque todavía no lo sepas.

Para que no solo puedas, sino que lo logres, recorreremos las principales resistencias al lenguaje no sexista y al lenguaje inclusivo (sí, son dos cosas diferentes y en esta "moda nueva" de la procrastinación te lo contaré después). Lo de la moda nueva, aunque te parezca redundante, no lo es. Una moda puede ser vieja y entonces es algo que está pasado de moda. Ya vimos que la redundancia tiene mucha tela que cortar.

Esto no es una regañina, ni mucho menos. Cualquiera puede conjugar el verbo *resistir* en todos sus tiempos verbales cuando hablamos de lenguaje y discriminación. Incluida yo. Y porque sé que cuesta, sé que se consigue.

Y es en ese proceso de conseguir cuando llega el desánimo. Nos critican, nos toman por blanco de burlas, nos hacen repetir una y otra vez los mismos argumentos como si fuesen nuevos (y quieren que respondamos, en cada ocasión, con la empatía, la pedagogía y el buen ánimo de la muy lejana primera), nos rechazan textos profesionales, nos hacen dudar cuando no tenemos una fuerte base lingüística, nos envían —por millonésima vez— la carta famosa contra el uso de *presidenta* o, mi preferida, nos mandan a leer. Porque hay muchas personas en contra. Muchos hombres muy poderosos nos lo recuerdan cada vez: "Y también muchas mujeres", dice alguien al fondo. Cierto. Y para recordar que las mujeres también hacemos cosas mal (quién lo iba a decir), nunca se olvidan de nombrarnos, y eso daría para otro libro que no es este (tengo más libros sin escribir que escritos, como veis). Me limitaré a poner un ejemplo.

Diciembre de 2021. Programa español en *prime time*[36] matinal. Tertuliano (o lo que es lo mismo, señoro que habla de todo en un programa de televisión sin saber en profundidad casi de nada) anunciando la entrada en vigor de una ley que afirma que "los progenitores inmersos en causas de maltrato perderán todo contacto con sus hijos". La frase entrecomillada estaba sobrescrita en la pantalla durante toda la intervención, extraída del titular de un periódico. La diatriba dura un minuto y diecinueve segundos. Y digo diatriba porque el hombre (ser racional varón, aclaro) estaba bastante enfadado con la noticia. Este señoro, que se ha manifestado bastantes veces contra el lenguaje inclusivo amparado en que incluye a las mujeres, en ese escasísimo tiempo, aclara que *progenitor* se refiere a hombres y mujeres y pone un ejemplo de madre maltratadora. Aunque en *hijos* no parece necesitar ninguna aclaración.

Es crucial, una vez en este punto, que distingamos dónde está el sexismo para, si eso es lo que queremos, evitarlo. Eso es lo que no entiende mucha gente: no es imponer nada, no es censurar, no es obligar y no es poner vocales. Es entender cómo funciona la lengua que hablamos y usar nuestras competencias lingüísticas en ella (o en ellas).

En el capítulo anterior hablamos de la invisibilización. En este veremos cómo la jerarquización y la subordinación aprendidas por mecanismos lingüísticos se refuerzan desde todos los espacios vitales. Y, una vez subordinadas, los mecanismos lingüísticos asumidos como naturales (sin serlo, no lo olviden) nos impiden caer en la cuenta con toda la rapidez y claridad que serían necesarias.

Los problemas del sexismo lingüístico se nos muestran con líneas más o menos precisas cada día.

---

36. Programa *El Objetivo* de la cadena La Sexta, 1 de diciembre de 2021, 10:28 de la mañana.

Los hay tan "inocentes" como los gramaticales (digan *holi* al protoindoeuropeo): la anteposición sistemática del género gramatical masculino. Ya saben, lo del burro delante —excepto por razones de cortesía como en "damas y caballeros"— o la obligatoriedad de la concordancia en masculino incluso cuando hay un femenino referido a *persona* más cercano.

Los adjetivos concuerdan en masculino cuando los sustantivos que se coordinan son de géneros distintos, como en *Hace tiempo que Javier y María no salen juntos*. Véanse sobre este punto los § 13.5c y 31.7[37].

Puede ser también la concordancia obligatoria en masculino (aunque haya mil mujeres y un hombre, el caballero —no digo "señoro" por lo de la presunción de inocencia— obliga a pasar al masculino, no le deshumanicemos al ser "marcado" con la misma desinencia que una mujer; faltaría más).

El uso genérico del masculino se basa en su condición de término no marcado en la oposición masculino/femenino. Por ello, es incorrecto emplear el femenino para aludir conjuntamente a ambos sexos, con independencia del número de individuos de cada sexo que formen parte del conjunto. Así, *los alumnos* es la única forma correcta de referirse a un grupo mixto, aunque el número de alumnas sea superior al de alumnos varones[38].

Eso sí, nos aclaran *alumnos varones* para que veamos que es rarísimo confundir el masculino supuestamente genérico con el específico y que es innecesario nombrar lo específico si ya se nombró lo genérico. Todo muy coherente.

Trasladamos este aprendizaje de la prioridad de lo masculino a muchos campos. Buena parte de los formularios oficiales solicitan, cuando es necesaria la filiación, en primer lugar el nombre del padre y en segundo el de la madre. Y me refiero a cuando la

---

37. *Nueva Gramática de la lengua española*. Morfología. 2. El género. 2.2 El género no marcado. Empleo genérico del masculino. 2.2h. Espasa, Barcelona, 209-2011, p. 2021. Primera edición en libro electrónico (ePub): abril de 2016.
38. Real Academia Española: "'Los ciudadanos y las ciudadanas', 'los niños y las niñas'", *Español al día*.

piden más allá de los propios apellidos de la persona que completa esos formularios. Casi acabando el primer cuarto del siglo XXI mi documento nacional de identidad recién renovado dice: *hijo/a* (el masculino delante) de Manuel y María. Mi *padre* delante.

Mención aparte merece otra subordinación, híbrida de social e individual: la asimetría de trato. Generalmente, esa asimetría se produce en las definiciones de los diccionarios y sus ejemplos y, aunque hay cierto grado de sexismo de quien habla que se puede trasladar, la mayor parte proviene de quien elabora las definiciones. Fijémonos solo en algunas muestras de la RAE para ilustrar el concepto. Primero, en las definiciones.

**cunnilingus**
Del lat. *cunnilingus* 'que lame la vulva'.
1. m. Práctica sexual consistente en aplicar la boca a la vulva.

**felación**
Del lat. mod. *fellatio*, der. de *fellāre* 'mamar'.
1. f. Práctica sexual consistente en la estimulación bucal del pene.

Si ambas son prácticas sexuales similares, ¿por qué en una se *aplica* y en la otra se *estimula*? ¿Por qué no son ambas *prácticas sexuales consistentes en la estimulación*?

Vayamos ahora a algunos ejemplos incluidos en el *DLE*. La definición de *hombre* ya es asimétrica desde la primera acepción, pero avancemos hasta la octava acepción, la de *hombre* como interjección:

8. interj. U. para indicar sorpresa o asombro, o con un matiz conciliador. *¡Hombre, no te enfades! Hombre, no hay que ponerse así, María.*

Un hombre anónimo que se enfada. Una mujer, identificada (con lo raro que hemos comprobado que es eso), que "se pone así" y nos hace pensar en ese "histéricas" de toda la vida. Y no es un ejemplo aislado, se repite, por ejemplo, en *nene, na*. Ahí sí hay un enfado en la definición de *nena* como 'persona joven o adulta': *No te enfades, nena.* Y es que ya se sabe cómo somos...

La Constitución española tiene una asimetría de trato muy significativa.

Artículo 58.

La Reina consorte o el consorte de la Reina no podrán asumir funciones constitucionales, salvo lo dispuesto para la Regencia.

¿Eres capaz de apreciar cómo se produce esa asimetría? ¿Y las discriminaciones evidentes y subyacentes? La reina consorte es la mujer del rey. Él traslada a ella su majestad, por rey, suponemos. Pero no. Porque el marido de la reina no es rey consorte. Él es consorte de la reina. Ella no traslada su majestad por reina, porque se lo impide su condición de mujer. Pero va más allá. ¿Alguien pensó en que nuestra reina, o nuestro rey, pudieran tener una pareja del mismo sexo? ¿Cuál sería el nombre, entonces? ¿Por extensión *rey consorte*, o sería —quizás— *marido del rey, mujer de la reina*? En el informe acerca del lenguaje inclusivo en la Constitución española que realizó la RAE en enero de 2020[39], ni se vislumbra esa contingencia.

No voy a decir que todo sea culpa de la RAE, aunque sí sea de ella gran parte de la responsabilidad del rechazo al lenguaje no sexista que ha calado en la sociedad. Es la propia sociedad la que al emplear el idioma le traslada, generalmente de forma acrítica, sexismos estructurales y machismos individuales. Hay otros modos de discriminación tan aparentemente desfasados como el *estatus vicario*. El *estatus vicario* es identificar a alguien en función de otra persona. Y es sexista cuando se nombra a una mujer en función de su relación con un hombre. Las mujeres ya no colocamos, o no habitualmente, en nuestras tarjetas o decimos al presentarnos *señora de* o *viuda de*, sino nuestros nombres y apellidos. Sin embargo, sí aparecemos, sobre todo en los medios de comunicación, como "musas", "novias o exnovias de" o "parejas o exparejas de":

---

[39]. Real Academia Española: "Resumen de la intervención del director de la RAE en la rueda de prensa celebrada el día 20 de enero de 2020 para presentar el 'Informe sobre el lenguaje inclusivo en la Constitución'", 20 de enero de 2020.

Simone de Beauvoir, la musa de Jean Paul Sartre, cautiva a Google[40].
Garbiñe buscará las semifinales de Monterrey ante la novia de Kyrgios[41].

A Simone de Beauvoir, al menos, la nombraban, a Ajla Tomljanovic (que era quien llegó a semifinales) solo era la "novia de". No es ninguna rareza, todas las semanas las mujeres quedan ocultas tras sus relaciones, sean cuales sean sus éxitos. Los Juegos Olímpicos de Tokio 2020, celebrados en 2021, nos dejaron multitud de ejemplos. Los que usaré son de la prensa española, pero si estás en otro lugar, volver a los diarios y publicaciones de medios en esos días te pondrá fácil encontrar referencias locales.

Tampoco es el único sexismo en el que incurrimos al hablar. Mira ahora estas frases tomadas de las redes sociales a lo largo del año 2021.

10 mujeres inventoras que pusieron en práctica ideas geniales y revolucionarias […] ¿Cuántas inventoras femeninas podrías nombrar?
Gerda Taro. La primera mujer periodista gráfica que cubrió un frente de guerra. Homenaje a las mujeres pioneras.

Piensa si has usado o usas expresiones parecidas. Todas tienen varios puntos en común. El primero, todas ellas han sido sacadas de publicaciones feministas. Segundo, se usan con la mejor de las intenciones: visibilizar a las mujeres desde la conciencia de que han sido ocultadas de la vista de la historia durante demasiado tiempo. Tercer punto en común: todas ellas son sexistas.

Esta construcción recibe el nombre de *aposición redundante*. A pesar de parecer tan complicada es algo muy sencillo: una aposición es una construcción en la que un nombre complementa a otro. Es una aposición redundante cuando ese complemento era innecesario. Ya vimos que cuando decimos "niños y niñas" nos recriminan que es redundante. Cuando alguien dice *mujeres abogadas* o *inventoras femeninas* nadie aparece para hacer tal reproche aunque, ¿qué falta hace decir mujeres si ya sabemos que solo pueden ser mujeres

---

40. "Simone de Beauvoir, la musa de Jean Paul Sartre, cautiva a Google", *ABC*, 9 de enero de 2014.
41. "Micromachismos deportivos", *Diario Bahía de Cádiz*, 16 de abril de 2018.

puesto que el género gramatical es femenino? Sí, se ha hecho para dar énfasis a que son mujeres. Sin embargo, ¿dices *hombres abogados*, *hombres inventores*, *inventores masculinos*, *hombres pioneros*? Y si lo dijeras o lo leyeras, ¿no sorprendería? Ese "mujeres" añadido con la mejor de las intenciones, visibilizar, lo que hace es situarnos, de nuevo, en una categoría distinta a la general. Están los inventores y las mujeres inventoras. Los abogados y las mujeres abogadas. Los periodistas y las mujeres periodistas.

Por supuesto a veces se hace "solo" por sexismo:

Renfe despidió a casi todas las mujeres trabajadoras del AVE a La Meca durante la pandemia. La operadora española prescindió del 81% de su plantilla femenina, frente al 25% de despidos que hizo entre la masculina. Renfe reconoce que la demanda de viajeros del AVE a La Meca es "sensiblemente inferior a la estimada"[42].

Hay que tener cuidado porque no cualquier *mujeres* en aposición es sexista. A veces es imprescindible. Si dices *mujeres periodistas* necesitabas el *mujeres* porque *periodistas* es una terminación común. Pero si dices *las mujeres periodistas* sobraba. Si dices *las mujeres emprendedoras*, posiblemente sea el contexto el que diga si sobra o no: ¿se sabía ya que se refiere a mujeres? Entonces sobra. ¿Podía referirse a personas y estaba concordando por eso, o se refiere a asociaciones, empresas o cooperativas? Entonces era necesario. Muchos de los grandes errores en el uso del lenguaje no sexista, o el inclusivo, vienen de querer usar una fórmula simple que valga para todo. Y no puede hacerse así en todos los casos.

Tan sexista es no decir *mujeres* cuando se debe (ocultamiento) como decirlo cuando es innecesario (aposición redundante). Hay una prueba para saber si es necesario o no. Invierte enunciando en masculino. ¿A que si fueran hombres sería raro que dijera *hombres trabajadores* a pesar de que ahí sí cabe duda porque puede ser usado bien como genérico, bien como específico? Ahí tienes la respuesta en cada ocasión.

---

42. Analía Plaza: "Renfe despidió a casi todas las mujeres trabajadoras del AVE a La Meca durante la pandemia", *elDiario.es*, 5 de septiembre de 2021.

Para colmo, ese acostumbrarnos a ver, escuchar, leer *mujeres* delante de ellas, nos prepara para asumir como naturales usos más perversos del *mujeres*: los que —a cuenta de nombrar lo general— nos niegan los triunfos particulares. Por eso es tan habitual que aparezcamos en los medios titulares así:

Tres mujeres científicas del CSIC, galardonadas con los Premios a la Investigación 2020 de L'Oréal-Unesco[43].
Una española gana uno de los mejores concursos de violín del mundo[44].
A este chaval se le da todo bien: el punto de Pedri contra una olímpica española de tenis de mesa[45].

¿Imaginan un titular en el que en lugar de decir Nadal gana Roland Garros dijera "un deportista español gana un famoso premio de tenis"? Cuando María Dueñas ganó el concurso Yehudi Menuhin no era muy conocida, ¿no es razón de más para que el titular la nombre?

Las fórmulas para un titular (entendemos que hay razones de espacio, aunque este no parece tan precario cuando es para hacer reclamos sexistas, si no, miren el de "A este chaval se le da todo bien...)" podrían haber sido muchas: "La violinista granadina María Dueñas gana el prestigioso concurso Yehudi Menuhin" fue la utilizada por uno de los periódicos de su ciudad natal, el *Ideal* de Granada. "Así suena el violín de María Dueñas, la española que ha ganado el concurso Menuhin", el del diario español *La Vanguardia*.

"Una olímpica española" era María Xiao y ella misma se lo tomó con humor y escribió un tuit en el que decía: *Hola @MARCATV, la olímpica española soy yo y me llamo María Xiao. Gracias!*[46].
El periódico corrigió el titular así: "A este chaval se le da todo bien: el punto de Pedri contra María Xiao, la olímpica española de tenis de mesa". El punto de Pedri (un hombre) era más válido que el hecho de jugar con María Xiao, la mejor o una de las mejores de

43. Álvaro Sánchez: "Tres mujeres científicas del CSIC, galardonadas con los Premios a la Investigación 2020 de L'Oréal-Unesco", *Córdoba Buenas Noticias*, 14 de febrero de 2021.
44. "'Nombre: una. Apellido: española': críticas a un titular que omite el nombre de la protagonista de la noticia", *Público*, 25 de mayo de 2021.
45. https://twitter.com/marcatv/status/1419967238107537431
46. https://twitter.com/MXiaoPodium/estatus/1420335011299958787

su especialidad. "La olímpica de tenis de mesa María Xiao juega un partido contra Pedri en el que cede un punto". "Xiao, olímpica de tenis de mesa, pierde un punto contra el olímpico de fútbol, Pedri". Porque yo, por ejemplo, no tenía la menor idea de quién era el tal Pedri hasta que leí ese titular.

En noviembre de 2021 una futbolista española, Alexia Putellas, ganaba el Balón de Oro, uno de los más —si no el más— prestigioso galardón futbolístico individual. En España, la radio deportiva más longeva del Estado lo contaba así en las redes sociales:

Carrusel Deportivo. @carrusel· 29 nov. "Desde que lo levantara nuestro Luis Suárez Miramontes... Una futbolista española levanta de nuevo el #BalondeOro".

No es exactamente e*status vicario*, pero se la refiere (sin nombre) en relación a un hombre que consiguió el galardón. A veces se hace doblete: e*status vicario* y sin nombre: "Una mujer de 82 años viajará con Jeff Bezos al espacio en julio"[47]. Dicho así parece que una señora de 82 años pasaba por allí y le tocó el boleto en un sorteo. La tal señora de 82 años se llama Wally Funk y fue una de las primeras mujeres entrenadas para volar al espacio entre 1960 y 1961. La NASA decidió eliminar ese proyecto por un solo motivo: el sexismo de quienes tomaron la decisión. Pero lo importante era que viajaría junto a un multimillonario.

*Una mujer descubre, Tres mujeres alcanzan, Una mujer andaluza gana un premio matemático*... y así un infinito hilo invisibilizador que nos priva de referentes y genealogía. Que nos jerarquiza, subordina, infantiliza.

Mujeres sin nombre, o mujeres sin apellido que hacemos cosas frente a hombres perfectamente identificados que jalonan cada escalón del conocimiento, cada campo de la cultura y el deporte. Las mujeres concretas no importan, porque solo somos —a ojos del sistema— versos sueltos, excepciones a la regla universal masculina. El masculino genérico siempre han sido *los padres* (las madres estarían en la cocina). El *status vicario* es el "dónde vais tan solitas" de la lengua.

---

[47]. "Una mujer de 82 años viajará con Jeff Bezos al espacio en julio". *El Tiempo*, 1 de julio de 2021.

Mujeres sin nombre que hacen "cosas", intercambiables para el sistema, indefinidas, pertenecientes a una masa idéntica.

Así es muy fácil pasar de "las mujeres" a "la mujer", ese ente abstracto, inmanente, que nos sitúa en un no lugar en el que las mujeres concretas, individuales, que tenemos necesidades y características específicas, quedamos escondidas incluso cuando aparecemos:

La violencia contra la mujer es, con diferencia, el mayor problema de criminalidad de España[48].
Asistimos al evento 'Mujer e internacionalización de la economía española'[49].

Ese uso del singular que nos convierte en un símbolo también es sexista y también tiene nombre (aquí tenemos nombre para todo, oigan, por nombres que no sea): *singular alegorizante*. La utilización del singular alegorizante ha sido estudiada, sobre todo, en relación con el lenguaje bélico. Se habla del enemigo en singular porque se le deshumaniza, lo que impide la empatía. Es más fácil dar la orden de disparar a matar si has hablado del francés, el alemán, el belga, el español, el alemán, el comunista o el rojo que si hablas de franceses, alemanes, belgas, españoles. Se estudió en la guerra, pero el efecto es el mismo cuando se habla de grupos humanos en otros contextos. Es más fácil idealizar (con lo bueno y lo malo que conlleva) si se habla en singular que en plural. Paradójicamente, el singular nos colectiviza y el plural nos singulariza.

¿Me permiten volver un poco hacia atrás y recordar la definición que hacía la RAE de lo que ella cree que es (y a estas alturas ya sabemos que no es) lenguaje inclusivo?:

El llamado "lenguaje inclusivo" supone alterar artificialmente el funcionamiento de la morfología de género en español bajo la premisa subjetiva de que el uso del masculino genérico invisibiliza[50] a la mujer[51].

---

48. Sergio del Molino: "El terror está en casa", *El País*, 10 de noviembre de 2021.
49. https://twitter.com/MujeresFedepe/estatus/1383000990232813568
50. Recuerden que invisibilizar no estaba en la fecha del tuit (diciembre de 2018) ni está, a día de hoy (23 de noviembre de 2021), en el *DLE*.
51. https://twitter.com/RAEinforma/estatus/1069940631580102656

¿Lo ven, no? "A la mujer". Nada que añadir.

Aquí, como sucede con la aposición redundante, se aplica infinidad de veces por personas o entidades que desean la igualdad, que hacen eventos, escriben artículos, trabajan para conseguirla, pero no saben que están generando consecuencias indeseadas al emplear las palabras de un modo concreto.

Y, en ocasiones, también se hacen dobletes: singular alegorizante más aposición redundante, como en el caso del 23 de octubre en el "Día de las escritoras" en el que multitud de medios cambiaron la denominación oficial por "Día de la mujer escritora". Porque *escritoras* no les debió de parecer lo suficientemente expresivo. Al género marcado, a veces, se nos queda la marca un poco corta, y a nadie le importa repetir lo innecesario.

Tenemos ya un buen ramillete de métodos de jerarquización y subordinación. No son los únicos.

Encontramos también *duales aparentes*: Cuando hay palabras que, aplicadas a personas, tienen significados diferentes para el masculino y el femenino, siendo el femenino negativo (*perro, perra*; *zorro, zorra*; *un cualquiera, una cualquiera*; *fulano, fulana*...).

Y existen los *vacíos léxicos*, que se producen si una palabra ya tiene todo su campo semántico ocupado y no hay lugar para un femenino (o un masculino). Piensen en la palabra que equivaldría en femenino a *galán* en expresiones como *galán de cine*. O en masculino a *arpía* en *es una auténtica arpía*. ¿O en femenino para expresar lo que en un hombre sería *hombría* ('cualidad buena y destacada de hombre, especialmente la entereza o el valor') o *prohombre* ('hombre de personalidad muy destacada, que goza de gran consideración')?

El de los *vocablos ocupados* también es una situación peculiar. Existen el masculino y el femenino, pero tienen significados diferentes: sucede con *señorito, señorita*; o con *hombre público, mujer pública*. Algunos de estos ejemplos pueden compartir más de una situación discriminatoria y ser, a la vez, vocablos ocupados, vacíos léxicos y duales aparentes.

Normalmente, esas cargas sexistas implican un menosprecio de unas o una exaltación de los otros sin equivalente en el sexo contrario (sea con el mismo o con distinto género gramatical, con la misma o diferentes palabras).

En otras ocasiones es el uso que damos al decir que algo es "la polla" para producir asombro, o "la verga" para expresar que es genial, o "coñazo" para decir que es una pesadez. Se escapan como se nos cuelan en el día a día expresiones racistas de "labor de chinos" o "trabajo de negros", o ir "como un gitano" u homófobas como "ir a tomar por culo", como si eso fuera lo peor que te puede pasar, el peor lugar al que te pueden enviar. Todas ellas son, cada una a su manera, discriminatorias, excluyentes e implican desvalorización o menosprecio.

También se infantiliza, minusvalora o desprecia a las mujeres cuando vemos titulares como "Las sirenas mexicanas desafían a las potencias en Tokio 2021[52]". "Las sirenas españolas se hunden en la piscina[53]". "Las 'sirenas' españolas se cuelgan la plata en la modalidad de equipo[54]" que resultan llamativos frente a otros como "Ian Thorpe: el hombre tiburón[55]" o "El torpedo tunecino[56]".

Son, asimismo, sexistas *tratamientos asimétricos* como los empleos diferenciados de los nombres y los apellidos: ellos con nombre y apellidos (uno o dos), ellas solo con nombres. O la anteposición de un artículo al apellido de las mujeres que llegan a altas posiciones en la política: *la* Merkel. *La* Thatcher. ¿Escucharon alguna vez *el* Churchill?

No niego el aporte de la sociedad a través de la cultura popular, el humor, las canciones infantiles, los refranes... Se nos marca (literal y metafóricamente) de forma muy clara cuál es el lugar en el que se espera que estemos y qué pasará si no lo estamos. Se nos valora de forma distinta por ser mujeres. Y en ese distinguir, acabamos con la peor parte de forma sistemática, ese es el verdadero problema.

---

52. "Conoce a las sirenas mexicanas que desafían a las potencias de Tokio 2011", YouTube, 9 de agosto de 2021.
53. Lucas de la Sal: "Las sirenas españolas se hunden en la piscina", *El Mundo*, 6 de agosto de 2021.
54. "Las 'sirenas' españolas se cuelgan la plata en la modalidad de equipo", Europa Press, 23 de agosto de 2021.
55. "Ian Thorpe: el hombre tiburón", *Conpilar News*, 12 de abril de 2021.
56. Alberto Martínez: "El torpedo tunecino: 18 años y oro olímpico en los 400 libre", *As*, 25 de julio de 2021.

CAPÍTULO 5
# MÁS VALE BUENO POR CONOCER QUE MALO CONOCIDO. O CÓMO NO PERPETUAR EL MARCO CONCEPTUAL DISCRIMINATORIO

> La evidencia no es una verdad nueva, sino una forma que toma algo que ya se sabía y que ahora penetra en la vida moldeándola.
>
> MARÍA ZAMBRANO

Las propuestas para evitar el masculino genérico se hacen desde el movimiento feminista con un objetivo distinto del que se nos achaca. La finalidad no es dejar de usar el masculino gramatical. Esta creencia es común, empezando por la propia RAE, que en otra de sus gloriosas (y algo repetitivas ya) definiciones de lenguaje inclusivo dice:

> Lo que comúnmente se ha dado en llamar "lenguaje inclusivo" es un conjunto de estrategias que tienen por objeto evitar el uso genérico del masculino gram., mecanismo firmemente asentado en la lengua y que no supone discriminación sexista alguna[57].

Españolas y españoles, mal *porque la economía del lenguaje*. Pasar de explicar —en un tuit, donde tenemos los caracteres limitadísimos— "el llamado lenguaje inclusivo" (4 palabras, 29 caracteres) a "lo que comúnmente se ha dado en llamar 'lenguaje inclusivo'" (10 palabras, 59 caracteres), bien. Y esto es porque... ¿Por qué? Pues porque la *economía del lenguaje* no es una norma que tengamos que cumplir, lo importante es lo que queremos comunicar y, con tanta vuelta, la RAE quiere deslizar en nuestro subconsciente que aunque nos haya dado por ahí, ni se llama así ni la cosa tiene pies ni cabeza según su criterio subjetivo, que cuando el

---

57. https://twitter.com/raeinforma/estatus/1446052782922993664

subjetivo es el nuestro, bien que lo ponen. Igual es que les faltaban caracteres.

No es por llevar la contraria a la RAE, porque si hay que darle la razón se le da (otra cosa es que no nos den casi ninguna ocasión de hacerlo), sino porque no se han enterado de nada. Es justo al revés. El lenguaje no sexista y el inclusivo no tienen por objeto evitar el uso genérico del masculino gramatical. El lenguaje no sexista tiene por objeto evitar las discriminaciones sexistas que su uso genera y que llevamos viendo, una tras otra, desde hace docenas de páginas. Cuando el masculino gramatical no genera esas consecuencias lo usamos con regocijo y sin problema alguno. Por eso si los masculinos se refieren a cosas los empleamos. Y cuando se refieren a animales, los utilizamos. Y si se corresponden con partes del cuerpo recurrimos a ellos. Tampoco nos suponen problema alguno los epicenos masculinos, los colectivos masculinos o los invariables masculinos. Decimos *personaje* y no pretendemos que se diga *personaja* (a pesar de que se use como despectivo para las mujeres y nadie oponga resistencia alguna a la palabra); usamos *desastre* y no tenemos ninguna necesidad de decir *desastra*. Y si somos *pilares* de la comunidad, pueden tranquilizarse porque no obligaremos a nadie a decir *pilaras*. Las estrellas del cine podrán seguir siendo estrellas si son varones, no los forzaremos a llamarse *estrellos* para tener una palabra para nosotras solitas.

Lo de que la RAE no distinga entre lenguaje no sexista y lenguaje inclusivo tras tantos años, tantos informes y tanta polémica también da una muestra de su empeño en entender la cuestión o hacer aportaciones constructivas a las polémicas que ella misma provoca. Como decía mi abuela, *donde no hay mata, no hay patata*.

Cuando dejas de emplear de forma machacona y única el masculino genérico facilitas que quien reciba el mensaje imagine no solo a hombres, sino a mujeres, y a unos y otras en todas sus variedades, pesos, colores, tamaños, capacidades. El objetivo no es erradicar el uso genérico del masculino, sino generar *marcos conceptuales* alternativos que no vengan impuestos por él.

Piensa en esta adivinanza:

Un padre y su hijo viajan en coche y tienen un accidente grave. El padre muere y al hijo se lo llevan al hospital porque necesita una compleja operación de emergencia, para la que llaman a una eminencia médica. Pero cuando entra en el quirófano dice: "No puedo operarlo, es mi hijo".

¿Tienes ya una solución? ¿Tienes más de una? ¿Cuál ha sido la primera en la que has pensado? Hay que reconocer que, siendo este un libro sobre lenguaje no sexista e inclusivo —y que llevo chorrocientas páginas hablando del masculino supuestamente genérico—, una de las respuestas estaba cantada: la eminencia era la madre.

Esta adivinanza se hizo en 2014 para estudiantes de Psicología de la Universidad de Boston y el 86% no dio con la respuesta correcta. Si la habéis acertado, ¡bravo! Si habéis encontrado las dos soluciones, ¡sí que sois eminencias! Porque hay dos soluciones.

Al idear este acertijo se pretendía estudiar la invisibilización producida por el masculino genérico y la trampa evidente del androcentrismo. Que el padre es, específicamente, una madre (oculta tras el genérico) no se nos ocurre de forma inmediata por el *androcentrismo* y la *invisibilización*, frutos del masculino genérico.

Nadie midió hasta qué punto no se veía algo también muy evidente: el padre podía ser eso, un padre (otro), uno de dos hombres que eran pareja (y si me apuráis, muy muy escondidas dos madres absolutamente invisibilizadas). Yo hago la prueba en mis clases, en mis conferencias, y no soy la Universidad de Boston, pero os puedo asegurar que hasta ahora nadie me ha dado esa respuesta como primera opción, porque no está en el marco conceptual que nos funciona por defecto incluso a las personas más concienciadas: el heteronormativo.

La familia ideal, para las sociedades patriarcales —incluso las más avanzadas— está compuesta por un padre, una madre y sus criaturas (si son parejita, mejor, que así tenemos el surtido, como en los pasteles). Con esa composición y en ese orden.

El padre no se nos ocurre porque nuestro marco conceptual hegemónico para la familia es heteronormativo. Y ante un "padre" la "consecuencia lógica" es una madre. Fin. Ya tenemos la adivinanza.

Ya vimos que no es solo cosa nuestra, recordemos la jerarquización al definir matrimonio en el *DLE*: primero hombre y mujer y después "en determinadas legislaciones", personas del mismo sexo. Hay cientos de referencias a terminología legal en el *DLE*, muchas de ellas legisladas muy disparmente; por ejemplo, *feminicidio*, que en los países hispanohablantes puede ser o no delito. Pero no especifica "en determinadas legislaciones".

La perrera con especificar el sexo es llamativa porque en el diccionario jurídico encontramos esto:

**matrimonio**
1. Civ. Unión entre dos personas de distinto o igual sexo contraída con los requisitos establecidos en la legislación civil (CC, arts. 45 y sigs.).

La definición no es tan jerarquizadora (digo *tan* porque las parejas heterosexuales siguen yendo en primer lugar, como el masculino: lo *importante* delante y la excepción detrás) pero vuelve a hacer mención innecesaria al sexo de quienes realizan el contrato. ¿Imaginan en una hipoteca diciendo "contrato entre dos personas de distinto o igual sexo"?

Esto de pillar al vuelo el marco conceptual imperante en cada contexto tampoco tiene una receta que contenga siempre los mismos ingredientes.

Un ejemplo: Se publica en el BOE (Boletín Oficial del Estado Español) una "Resolución de 8 de septiembre de 2021, conjunta de la Secretaría de Estado de Igualdad y contra la Violencia de Género, la Secretaría de Estado de Asuntos Exteriores y Globales y la Secretaría de Estado de Justicia, por la que se establece el procedimiento de selección de candidaturas para el Grupo de Expertos en la lucha contra la violencia contra las mujeres y la violencia doméstica". Subrayen mentalmente "Secretaría de Estado de Igualdad" y "Grupo de Expertos".

La fórmula se repite al comunicarlo en Twitter. Propongo que se sustituya por "Grupo Experto" porque "Grupo de Expertos", viniendo de donde viene, y siendo para el tema que es, resulta —como mínimo— contraproducente. Es una opción no sexista, más corta y adecuada a las redes sociales, que exigen la máxima concreción. ¿Cumple las tres reglas? Comprobémoslo.

- ¿Nombra solo lo masculino? No.
- ¿Subordina o jerarquiza? No.
- ¿Perpetúa el marco hegemónico? No.

¿Por qué no perpetúa el marco hegemónico si he repetido hasta la saciedad que el marco conceptual hegemónico es androcéntrico? Porque ese mismo marco conceptual hegemónico considera —en su sexismo— que hay temas de hombres y temas de mujeres. Y, en general, cualquier tema que se relacione de cerca o de lejos con las violencias machistas está en el cajón de "cosas de mujeres".

"Grupo Experto", por esos motivos, parecía una buena solución. Sin embargo, a pesar de que tanto en las redes sociales como en la web se modificó el texto tras la sugerencia, en el BOE el masculino permanece tanto en el nombre como en el contenido de la publicación legal. Pedir que el Boletín Oficial del Estado Español cumpla los mandatos de la Ley de Igualdad es pedir demasiado ("Qué más queremos, solo nos fijamos en tonterías, podríamos estar haciendo cosas más importantes". Porque esperar que los organismos del Estado cumplan la ley es un sinsentido… Las feministas somos insaciables).

¿Cuál fue la opción elegida para la modificación?

"Procedimiento de selección de candidaturas para el Grupo de personas Expertas en la lucha contra la violencia contra las mujeres y la violencia doméstica (GREVIO)[58]".

Bueno, "Grupo Experto" me gustaba más, aunque esto nos deja ver con claridad que no hay una sola solución, siempre (o casi siempre) hay varias opciones inclusivas. No obstante, se siguió diciendo "El miembro designado para cubrir un puesto que haya quedado vacante antes de que finalice el mandato del miembro anterior completará el mandato de su predecesor". Son 26 palabras y unas 3 líneas de texto. Podría haberse dicho, sin pensarlo demasiado: "Quien se designe para cubrir un puesto que haya quedado vacante antes de que finalice el mandato previo completará el mandato de la persona predecesora". Son 25 palabras, un texto de similar extensión e inclusivo.

---

58. "Procedimiento de selección de candidaturas para el grupo de expertos…", Ministerio de Igualdad, 8 de septiembre de 2021.

No es que a mí me importe un rábano la economía del lenguaje. Estas cuentas son para exponer que, aunque digan lo contrario, a nadie le importa. Solo nos la exigen cuando se trata de nombrar a las mujeres. Y eliminar el lastre de creer que la economía expresiva es un mandato ineludible es abrir la puerta de par en par a soluciones creativas, correctas, no sexistas e inclusivas. Mientras creamos que vamos a pagar peaje patriarcal por cada palabra usada para nombrar a las mujeres o a los colectivos en situación tradicional de discriminación será muy difícil dar con las alternativas inclusivas o no sexistas convenientes en cada situación.

Y llega ahora (atención, redoble de tambores) una de esas escasas ocasiones en las que doy la razón a la RAE y parte de su claque. No puedes hacer del lenguaje inclusivo un simple cambio cosmético. No es de recibo usar una herramienta de inclusión una vez y pasar de forma inconsecuente a discriminar acto seguido. Porque pone en evidencia dos cosas: o la falta de interés o la falta de formación. Y que eso nos ocurra a quienes nos apañamos como podemos, tiene un pase. Si le sucede a quien tiene como encomienda legal poner en marcha políticas de igualdad, es un error grave. ¿Los puede haber peores? Sí. ¿Los puede haber más importantes? Por supuesto. ¿Los hay más fácilmente evitables? Con toda certeza, no.

La perpetuación del marco conceptual patriarcal (sea el androcéntrico, el heteronormativo, sea el que nos coloca en cajones de "cosas que son o hacen" las mujeres y los hombres) es uno de los riesgos más espinosos.

Porque, en ocasiones, cuando detectamos la invisibilización con claridad pero aún no percibimos bien la subordinación y el marco cultural dominantes, por evitar una caemos en las otras.

Sucede cuando evitamos los masculinos genéricos como si del mismísimo diablo se tratara y, a la vez, somos conscientes de que no deberíamos utilizar la flexión de géneros como si no hubiera mañana. ¿Qué hacemos? Nos lanzamos de cabeza a los colectivos, al *personas*, a los impersonales, los abstractos o las oraciones reflexivas. No hemos escrito (o dicho) un solo masculino genérico y no se nos ha colado ni un "desdoblamiento". Y nos sentimos Simone de Beauvoir.

Sin querer dar dos veces la razón a la RAE en un mismo texto, comparto su análisis del asunto, aunque mis conclusiones serán radicalmente opuestas.

A pesar de que se documenta ampliamente en todos los registros, en todas las variedades geográficas y en muy diversas etapas de la historia de la lengua, algunos han negado que el uso genérico del masculino plural esté (o acaso deba estar) asentado en el idioma, y sugieren en su lugar nombres colectivos o sustantivos abstractos que lo evitarían. Son más los que han hecho notar que estas sustituciones son imperfectas desde el punto de vista léxico o desde el sintáctico, y también que pueden resultar inadecuadas, además de empobrecedoras. No equivalen, en efecto, mis profesores a mi profesorado; los médicos a la medicina; los amigos a las amistades; nuestros vecinos a nuestro vecindario; los abogados a la abogacía; los niños a la infancia; varios presidentes a varias presidencias; pocos ciudadanos a poca ciudadanía; demasiados organizadores a demasiada organización, etcétera (*GRAE* 2.2.i).

Que el uso genérico del masculino plural esté documentado "en todos los registros, en todas las variedades geográficas y en muy diversas etapas de la historia de la lengua" es algo que, sin los enormes medios de la RAE, he podido mostrar también respecto del uso de la flexión en géneros femenino y masculino (incluso en ese orden) y que, sin embargo, la RAE proscribe. El uso de colectivos y de abstractos es habitual en nuestra lengua. *Alumnado*, en su sentido actual de 'Conjunto de alumnos de un centro docente' (la palabra ya existía en el de 1780), se incluye desde 1992 en el diccionario (lo que significa que estaría registrado muchísimo antes). *Profesorado* (1. m. Cargo de profesor. 2. m. Cuerpo de profesores) estaba ya en el entonces *DRAE* en 1884. Y desde 1925 con definiciones idénticas a las actuales.

¿Por qué no equivalen *mis profesores* a *mi profesorado*? Porque, a pesar del uso continuado, registrado, probado en distintos registros (habla culta, literaria, estilo periodístico, cine, teatro, televisión, internet, ensayos, redes sociales...) no se ha añadido al diccionario el sentido que ahora se le da de grupo de profesoras y profesores de la persona que cita a ese conjunto. Hoy por hoy, yo solo podría decir *profesorado* de mi facultad para referirme a todas y cada una de las personas que componen el cuerpo docente.

También les debe de parecer un disparate añadir una acepción a *alumnado* en la que la definición sea así (en *masculino sexista y* todo si ven que no les da la lengua para incluir): 'Conjunto de alumnos de un profesor'.

El caso de que coexistan palabras aún no incluidas en el diccionario como *usuariado*, *estudiantado*, o poco utilizadas en España pero de uso común en otros países hispanoparlantes como *proveeduría* o *portavocía*, atestigua la flexibilidad de la lengua, la capacidad de expandirse cuando las conciencias se expanden.

El problema no está en la palabra concreta ni en su uso, está, aun a riesgo de ser pesada, en los efectos de su uso. Entre *la ciudadanía*, *el alumnado*, *el profesorado*, *la portavocía*, *la dirección*, *la proveeduría*, *la defensoría*, *el usuariado*, *el estudiantado*, *la infancia*, *quienes hablan*, *las personas votantes*, las veces que *se hacen* cosas (como si se hicieran solas), resulta que hemos despersonalizado tanto el texto que, en ausencia de referentes expresos, nuestras cabecitas se han ido —otra vez— a su cómodo marco conceptual androcéntrico, que es como la famosa (y aborrecida por omnipresente) zona de confort de los textos de autoayuda.

Cuando hablamos de discriminaciones a colectivos (de personas con discapacidad, de diferentes etnias, razas, orígenes territoriales, orientaciones sexuales, identidades de género o cualesquiera otros), este es uno de los mayores errores a evitar. En infinidad de ocasiones se buscan alternativas aparentemente inclusivas que perpetúan no el marco androcéntrico, pero sí el marco conceptual predominante.

En cualquiera de sus variantes morfológicas de género y número, el término específico nos acerca a la individualidad, a la persona de carne y hueso, que se esfuma en la masa amorfa y anónima de *ciudadanía* o *alumnado*. Exactamente lo mismo que sucede cuando se nos diluye a las mujeres en el masculino genérico (*ellos, niños, todos*) o en nuevos usos pretendidamente neutros (*elles, niñes, todes*). El pretender un texto neutro nos aleja a la vez y a la misma velocidad de la visibilización y de la ruptura del imaginario colectivo machista.

Es así hasta tal punto que los pocos neutros del castellano tienen la terminación del masculino porque la identificación es total. De la misma manera que primero se nos prohibió acceder a la formación universitaria y cuando llegamos nos incorporamos a la que había: masculina. Y ha pasado con la política, con los empleos, los premios, el ejército, las profesiones. Cuando ellos se incorporan a profesiones tradicionalmente femeninas con rapidez se nombra su nueva realidad: *modisto*, *matrón*, *comadrón*, *azafato*. Cuando se dice un corte de pelo unisex suele identificarse con una imagen culturalmente masculinizada. Lo neutro y lo femenino rara vez son compatibles.

¿Cuál es la solución? La combinación de fórmulas. Hay que perder el miedo a utilizar femeninos y masculinos, a nombrar de modo expreso y cierto. Porque eso será lo que modifique ese grupo que imagina quien escucha o lee. Y una vez hayamos conseguido representar mentalmente ese colectivo diverso que pretendíamos, podemos pasar a usar fórmulas que sustituyan, colectivicen, o impersonales que ya no lo serán tanto porque sabemos cuál es el referente: mujeres y hombres; personas con discapacidades; seres humanos que proceden de distintos lugares, que viven en distintas condiciones, que viven su sexualidad y su identidad con opciones que, en otro tiempo, no éramos capaces de vislumbrar.

Dependerá de nuestro objetivo al comunicar el que hagamos más o menos énfasis en según quién. Porque, en ocasiones, la forma de incluir es nombrar todo lo que hay, unidad por unidad. Otras, lo será no hacer distinciones.

Observo, cada vez más, intentos de inclusión que son sexistas y perpetúan el imaginario patriarcal. Dejaré unos cuantos ejemplos, para hacernos una idea de dónde se producen los fallos y cómo corregirlos. Empiezo con una publicación de Instagram:

Hoy te dejamos un resumen sobre la salud sexual de las personas con vagina[59].

El uso presuntamente inclusivo aquí está en "personas con vagina". Se hace para incluir a hombres trans y personas no

---

59. https://www.instagram.com/p/CT6eRI1tAOi/

binarias. Pero ya vimos que dejar de nombrar de forma expresa lo que se nombraba es sexista.

Si empleas *personas* para evitar un masculino genérico que oculta a la mitad de la población, es adecuado. Y al ser los hombres personas, están tan representados como las mujeres. Además, se nombra de forma completa al conjunto de los seres humanos que mujeres y hombres son. Cuando utilizas la expresión "personas con vagina", dejas de nombrar a una parte que ya era visible y se genera cascada de discriminaciones encadenadas:

1. Dejas de nombrar a las mujeres, que antes estaban de forma expresa: es excluyente.
2. No nombras la realidad que quieres reivindicar, los hombres trans y las personas no binarias: es invisibilizador.
3. Identificas a la totalidad de los seres humanos con una parte de su cuerpo: es cosificador. Además, es tan dolorosamente parecido a algo que casi todas las mujeres hemos escuchado alguna vez —ser "un coño con patas"— que con un mínimo grado de empatía se evitaría decir algo que ni se acercara.
4. No cambias el marco hegemónico. Quien no entienda pensará: "¿Personas con vagina? Mujeres".
5. Si buscas eufemismos para no decir algo, es porque te resulta vergonzoso. ¿Qué tienen de vergonzoso las mujeres? ¿Y los hombres trans? ¿Y las personas no binarias?
6. Si tras usar el eufemismo con las mujeres no lo haces con los hombres, estás practicando la muy patriarcal asimetría de trato.
7. Puede que estés imponiendo un nombre a quienes ya tienen otro y no han manifestado su intención de cambiarlo.

Tras esa publicación, que vale como ejemplo de otros muchos del mismo tipo y con expresiones similares, revisé las publicaciones referentes a los hombres. No había alternativa inclusiva alguna, algo que sucede una y otra vez en estos supuestos de inclusión: personas, asociaciones, organismos o instituciones se sienten en el derecho de nombrar a las mujeres como les da la gana porque ya vimos desde casi la primera página que ellas no tienen el derecho ni a definirse ni a ser nombradas y sí el deber de batirse en retirada ante la aparición de intereses ajenos. Nos dicen "personas con vagina", "vulvoportantes" o "personas gestantes", aunque usan sin dilema inclusivo alguno la palabra *hombre*[60] sin hacer referencia a las, no sé, "personas con pene" o "personas con testículos" o "pitocolgantes". Olvidando a personas trans y no binarias que nacieron con características sexuales de macho de la especie.

Necesitamos reflexionar sobre estos usos y ponerlos en relación con algo que ya se ha explicado: cómo se aprende a través de mecanismos lingüísticos que lo masculino exige ser nombrado y lo femenino no. Para *hombre* no se buscan, o se buscan rara vez, alternativas. Para *mujer* sí y, prácticamente todas, pasan por dejar de nombrar lo que ya se nombraba. Es decir, se usa el sexismo (no nombrar a las mujeres que ya eran nombradas) como método para incluir. Por supuesto, el resultado solo puede ser discriminatorio para las mujeres, que vuelven a desaparecer. Eso sin contar con el agravio comparativo que supone la asimetría de trato respecto de los varones, que añade un plus de discriminación.

Lo peor de todo es que el esfuerzo y la discriminación ni siquiera sirven para incluir lo que se pretendía y queda en una pura solución estética: una funda nueva para un sofá viejo. ¿Por qué? Porque, excepto para unas pocas personas ya concienciadas, "personas con vagina" es —en sus mentes— igual a mujeres. No se está rompiendo el marco conceptual hegemónico, binario en este caso.

Por lo tanto:

1. Dejamos de mostrar a las mujeres sin mostrar de forma inequívoca otras realidades: invisibilizamos.
2. Cosificamos porque una parte del cuerpo pasa a ser lo que representa la total de la persona: subordinamos.
3. Obligamos a inferir a quién se refiere, puesto que no toda la sociedad entiende la terminología: perpetuamos el marco conceptual hegemónico.

Hay intentos aún más desastrosos:

---
60. https://www.instagram.com/p/CRGv3xgB4_Y/

Desde el grupo de trabajo #GenteQueSangra tenemos de nuevo talleres para crear tus propias compresas[61].

La reflexión para el ejemplo anterior podría ser compartida aquí, aunque el tercer punto es aún más fácil de probar. "Gente que sangra" parece casi una broma. "¿Si te has abierto la cabeza y no te han curado puedes ir al grupo de trabajo?", respondían en las redes sociales a esa publicación. O "un grupo para toreros", replicaba alguien desde las respuestas. ¿Alguien ha definido alguna vez a los hombres como "gente que no sangra"? ¿Por qué si un colectivo, en todo su derecho, quiere ser nombrado la única alternativa que se nos ocurre es dejar de nombrar a las mujeres? Porque es lo que siempre hemos hecho: ante las necesidades ajenas lo femenino no solo puede, sino que debe desaparecer. Y si exige ser nombrado, empiezan las resistencias.

Huelga decir que esos resultados sexistas y hegemónicos, la mayor parte de la veces, no son producto de la mala intención, sino de la falta de pericia en la localización de mecanismos discriminatorios.

¿Cómo podría haberse hecho mejor? Sabiendo dónde está la discriminación y evitándola.

1. No dejes de nombrar lo que siempre se nombró. Nombra de forma clara lo que quieres incluir.
2. Identificar a una persona con una de sus funciones biológicas o una parte de su cuerpo, prácticamente siempre, es cosificador y, por lo tanto, discrimina.
3. Haz que quien lee/escucha sepa a qué te refieres sin lugar a duda.

Mientras acudamos a la lógica patriarcal (esto va de vocales, las mujeres pueden estar incluidas sin ser nombradas, se puede inferir que están) el resultado será patriarcal. La buena intención, no lo olviden nunca, no evita la discriminación.

Como no se evitó cuando dejamos de decir *inútiles*, *subnormales* o *disminuidos* para decir *disminuidos* y *disminuidas* o *discapacitados*

---

61. https://twitter.com/medialabMM/estatus/1403286901361102850?

y *discapacitadas*, o *paralíticos* y *paralíticas*. Porque estaremos usando un nombre común o la flexión en género, pero estamos usando términos peyorativos que discriminan. Y parece menos discriminatorio, pero es igual de invisibilizador decir "personas con diversidad funcional" o "con capacidades especiales". Porque las funciones de los cuerpos son distintas en cada ser humano, y pueden ser especiales en millones. Pero no todas las personas tenemos una discapacidad y no nombrarla supone dejar de mostrar que la opresión no es por ser "diversa" o por ser "especial", sino por tener una discapacidad. Por ese motivo el término elegido por las asociaciones mayoritarias de ese colectivo y por la Convención de Naciones Unidas para la discapacidad es la de "personas con discapacidad". Porque no son "discapacitadas", la discapacidad es algo que tienen, no algo que son.

Los medios, que siempre acuden presurosos a las novedades si se trata de no nombrar a las mujeres, empiezan a adoptar las malas prácticas.

Medio centenar de gestantes han tenido que entrar en cuidados intensivos por las complicaciones asociadas a la infección[62].

*Gestantes*, en este caso, no es una palabra cosificadora, ya que se refiere a quien gesta. Aunque casi todo el mundo habrá pensado *embarazadas*, que es, además, la expresión que se usaba en el titular de la noticia. Pero las redes son muy suyas y mejor evitar líos. Con la excusa de incluir se esconde a la totalidad de las personas bajo una expresión que hace quedar bien a quien la usa, no incomoda a quien no la entiende, invisibiliza a las que eran visibles y no visibiliza la nueva realidad que se pretende nombrar (que *embarazadas* no incluye a hombres trans embarazados y personas no binarias embarazadas).

La lentitud para adoptar medidas de no sexismo que nos nombran y la rapidez para adoptar otros usos da para un *Expediente X*. Yo tengo una hipótesis, se adoptan con rapidez todos los cambios que perpetúan el sistema y se ralentiza la entrada de aquellos que, incluso en grado mínimo, son verdaderamente perturbadores para el funcionamiento del patriarcado.

---

62. https://twitter.com/elpais_fem/estatus/1423407921753477120?

Por ese motivo, el ejemplo anterior es de un periódico que sigue incluyendo en su libro de estilo como preferible decir *la juez* en lugar de *la jueza* a pesar de que *jueza* lleva aceptada por la RAE desde 1992. Casi 30 años. Pero *gestantes* o *personas gestantes*, como en este otro caso:

El mero reconocimiento de que muchas personas gestantes puedan sufrir secuelas físicas y psíquicas después de un aborto espontáneo ya es sanador para una sociedad en la que a quien está deprimido le llamamos vago[63].

Otras veces la expresión es *personas embarazadas*. Ya no hace falta llevar a nadie de la mano a lo largo del razonamiento. Si nos hacemos las tres preguntas, ya en la primera vemos que deja de nombrarse algo que se nombraba de forma inequívoca y que, de nuevo, tenemos que inferir. Son las mujeres. Hay sexismo. Hay discriminación. Dos de tres.

El problema aquí es que cuando entran en el debate voces acaloradas, que ya traen el enfado puesto antes de pensar en el lenguaje inclusivo, las propuestas son tan malas como esta.

—No, no, hay que decir *mujeres embarazadas*.

Y ahí es donde comprobamos hasta qué punto el sistema nos esconde sus engranajes.

Si crees que solo las mujeres pueden quedar embarazadas, *embarazadas* ya es femenino. No necesitas un *mujeres* que abre la posibilidad a que haya otras opciones (te recuerdo el nombre: aposición redundante):

Si crees que no solo las mujeres pueden quedar embarazadas, ¿por qué no dices con claridad quiénes crees que pueden estar en esa situación? ¿Hombres trans? Pues di *embarazados*. U *hombres trans embarazados* si no quieres dejar lugar a dudas. ¿Personas no binarias? Dilo con claridad. No dejes nada a la imaginación porque en ausencia de referentes, ya sabes, se pensará en mujeres.

Cuando el sistema que se resiste con uñas y dientes a nombrar a las mujeres adopta con rapidez expresiones "inclusivas", no es para beneficio ni de las mujeres ni de minoría o colectivo alguno,

---

63. https://twitter.com/el_pais/estatus/1383891317327949826

sino de la perpetuación del sistema. Si las alternativas están discriminando, ¿no podrías haber hecho tu reivindicación política de no discriminar a un colectivo sin incurrir en nuevas discriminaciones?

Por alusiones, la letra *e* llega con el dedito levantado para pedir la palabra. Y vaya si la ha pedido.

Durante 20 días de abril de 2020 se monitorizaron en Twitter por la Fundeu[64] (que es de la RAE) en unión con Lynguo las palabras *niños, nosotros, todos* y *ciudadanos* y sus variantes inclusivas: x, @, e. Aclaro que este estudio solo registra las marcas de inclusividad citadas. Si redactas un tuit sin equis, arrobas o *es* no había forma de constatar la inclusividad de forma automática por lo que ese 1,9% es solo de personas que usan esas herramientas, pero no de quienes empleamos un lenguaje no sexista e inclusivo con redacciones "tradicionales".

El 1,19 % de los tuits registrados emplearon alguna marca de inclusividad.

- La arroba (@) fue usada en 50,58% de los casos.
- La equis (x) fue usada un 31,44%.
- La letra *e* (e) fue usada un 17,98%.

La arroba y la equis se emplean, generalmente, con la intención de representar de forma conjunta el masculino y el femenino.

La letra *e*, dependiendo del contexto, se utiliza tanto como variante pretendidamente neutra como específica exclusiva para personas no binarias o *trans*.

La palabra a la que se le buscan alternativas inclusivas más veces es *todos*, muy por delante de *niños, nosotros* y *ciudadanos*. Y las opciones preferidas cambian con los países.

En Argentina, por ejemplo, la que más se emplea para *niños* es *niñes*, pero para *todos* es *todxs* (con equis). Mientras Argentina prefiere estas grafías, en Colombia se decantan más por *niñ@s* (con arroba) y *tod@s* (con arroba). En el caso de Cuba, España y Venezuela, prevalecía el uso de la arroba para todas las palabras

---

64. "Uso en Twitter de la x, la e y la @ para evitar la mención expresa del género", Fundéu BBVA, Instituto de Ingeniería del Conocimiento, 28 de mayo de 2021.

estudiadas. En Costa Rica, Paraguay y Perú la equis era la opción elegida en todos los supuestos. Uruguay es el único país donde la letra *e* predominaba en dos palabras: para sustituir *niños* y *todos*. Todo mal por todas partes. Lo referente a la dificultad de lectura de las arrobas y equis lo veremos un poco más adelante. Estamos hablando en este capítulo de la perpetuación de los marcos conceptuales hegemónicos. La letra *e* utilizada como específica para personas trans o no binarias es perfecta si la han elegido. No podemos, sin embargo, imponerla a una persona trans como si de un sambenito se tratara. No existe el derecho a sacar a nadie del armario, tampoco lingüísticamente hablando.

Sin embargo, cuando la *e* se usa como pretendidamente neutra el sistema la leerá como masculino y no rompe el marco conceptual hegemónico. Como no lo hace decir *personas embarazadas*, pues, en ausencia de una pista, cualquier persona que no sepa de qué va el tema pensará en mujeres.

Entiendo que es tentador querer arreglar la cuestión de la inclusión con una sola letra. Nos ahorramos sermones por el desdoblamiento, nos sentimos maravillosamente al incluir, es relativamente fácil de adaptar porque la *e* no solo es ya un morfema muy usado en el español, sino que es general para el masculino y algunas palabras de género común. No nos produce rechazo automático, como sucede con el hecho de nombrar en femenino. El uso de la letra *e*, por provocador que pueda parecer de entrada, no lo es en absoluto. Por eso ha calado en la sociedad con tanta rapidez: no nos cortocircuita el cerebro porque ya lo usamos para lo común y lo masculino.

Esto que podría parecer un punto a su favor para el uso es un punto en contra para la inclusión. Porque si sigue sin nombrar lo femenino, perpetúa la norma patriarcal. Y si cabe la posibilidad de interpretarlo como neutro o masculino, se hará como masculino. Esto ya sucedía con la arroba y la equis. Incluso siendo chocantes al verlas, no las leíamos como un femenino y un masculino, casi la totalidad de las veces que he hecho la prueba con jóvenes de educación secundaria que conocían su significado (*o* + *a*) se leía como un masculino.

Para este viaje del burro que siempre va delante, no hacían falta alforjas.

CAPÍTULO 6
# OBRAS SON AMORES Y NO MUCHAS VOCALES

> Solo pensar no nos hace libres. Hay que actuar.
>
> Hanna Arendt

En mayo de 2021 participé como invitada en un programa de televisión en el que el presentador, Iker Jiménez, hacía una lectura de las primeras líneas de *El Quijote* con lo que él entendía (creo que en serio, pero vayan ustedes a saber) que era lenguaje inclusivo. Las líneas originales son estas:

> En un lugar de la Mancha, de cuyo nombre no quiero acordarme, no ha mucho tiempo que vivía un hidalgo de los de lanza en astillero, adarga antigua, rocín flaco y galgo corredor. Una olla de algo más vaca que carnero, salpicón las más noches, duelos y quebrantos los sábados, lentejas los viernes, algún palomino de añadidura los domingos, consumían las tres partes de su hacienda.

Su atentado al patrimonio cultural en castellano fue este:

> En un lugar de la Mancha, de cuyo nombre no quiero acordarme, no ha mucho tiempo que vivía un hidalgo, o hidalga, de los de lanza en astillero, adarga antigua, rocín o yegua, flaco o flaca y galgo o galga corredor o corredora. Una olla de algo más vaca que carnero, salpicón las más noches, duelos y quebrantos los sábados, lentejas los viernes, algún palomino o palomina de añadidura los domingos, consumían las tres partes de su hacienda.

El insulto a la inteligencia supongo que no extrañó a quienes le siguen habitualmente, pero era burdo en extremo.

En primer lugar porque nadie pide reescribir los clásicos (o no es la petición habitual cuando se solicita el cumplimiento del mandato legal del uso de lenguaje no sexista). En segundo, porque si el protagonista es un varón no puedes nombrarlo sino en masculino, el *hidalga* sobraba. En tercero porque el lenguaje no sexista, como ya he dicho una y mil veces, se aplica a las personas, no a los animales. Si tienes un caballo, tienes un caballo y no una yegua. Y si tienes un galgo es *el galgo* y si tienes dos pueden ser *los galgos*. Y si tienes *palomino* es *palomino* y no *palomina*. No sería la primera vez que las gramáticas establecen usos diferenciados para las personas y las cosas, o para lo animado y lo inanimado, o para lo contable o lo incontable. Se puede, de acuerdo con la lógica gramatical, establecer que en personas el masculino y el femenino sean específicos y en los animales y las cosas pueda ser genérico sin que el sistema se derrumbe.

Pero no quedó ahí la cosa, el buen hombre estaba lanzado y se vino arriba. No contento con el destrozo, siguió con el episodio de los molinos en el párrafo que dice así:

[...] Ves allí, amigo Sancho Panza, donde se descubren treinta o pocos más desaforados gigantes, con quien pienso hacer batalla y quitarles a todos las vidas, con cuyos despojos comenzaremos a enriquecer, que esta es buena guerra, y es gran servicio de Dios quitar tan mala simiente de sobre la faz de la tierra.
—¿Qué gigantes? —dijo Sancho Panza.
—Aquellos que allí ves —respondió su amo—, de los brazos largos, que los suelen tener algunos de casi dos leguas.
—Mire vuestra merced —respondió Sancho— que aquellos que allí se parecen no son gigantes, sino molinos de viento, y lo que en ellos parecen brazos son las aspas, que, volteadas del viento, hacen andar la piedra del molino.

Que él pervirtió de este modo:

[...] Ves allí, amigo Sancho Panza, donde se descubren treinta o pocos más desaforados o desaforadas gigantes o gigantas, con quien pienso hacer batalla y quitarles a todos, a todas o a todes, las vidas, con cuyos despojos comenzaremos a enriquecer, que esta es buena guerra, y es gran servicio de Dios quitar tan mala simiente de sobre la faz de la tierra.

—¿Qué gigantes o gigantas? —dijo Sancho Panza.

—Aquello, aquellas o aquelles que allí ves —respondió su amo o ama—, de los brazos largos, que los suelen tener algunos, algunas o algunes de casi dos leguas.

—Mire vuestra merced —respondió Sancho— que aquellos, aquellas o aquelles que allí se parecen no son gigantes, sino molinos de viento, y lo que en ellos, ellas o elles parecen brazos son las aspas, que, volteadas del viento, hacen andar la piedra del molino.

El presentador siguió con sus tripletes a lo loco. Yo os ahorraré el bochorno.

Si solo hubiera sido un presentador especialista en extraterrestres hablando de actualidad o un par de *youtubers* diciendo insensateces sin fundamento no habría habido nada fuera de lo normal. Ver a todo un exdirector de la RAE (sí, señoras y señores, me refiero a nuestro amigo Darío) repitiendo ciertos argumentos que ya se han demostrado erróneos (por no decir falsos porque perseverar en el error aunque se te haya señalado mil veces deja de ser error) ya no hacía tanta gracia. Como apenas lo hemos rebatido un millón de veces, usó el ejemplo de *miembros y miembras* y la consecuencia lógica que extraen de esto: que entonces habría que llamar a los brazos *miembros* y a las piernas *miembras*. ¿En serio? ¿Otra vez?

Os voy a contar un secreto. Siguiendo la ortodoxia gramatical (o si esta nos importara lo suficiente como para evitar saltárnosla a toda costa) *miembra* estaría dentro de la lógica de nuestra lengua.

En cuanto al género, los sustantivos pueden tener formas femenina y masculina (*la niña*, *el niño*), comunes (*el electricista*, *la electricista*) o ser epicenos (*la víctima*, *el personaje*). Si estamos ante el primer supuesto sabemos el género por la terminación del nombre; en el segundo, porque lo acompañan determinantes femenino o masculino (*el*, *la*); en el tercero, el epiceno, *la víctima* siempre tiene género gramatical femenino o masculino y no hay modo de saber si se trata de una mujer o un hombre si no es añadiendo esa información.

*Miembro* originalmente era epiceno. Desde el primer diccionario tiene el sentido, entre otros, de 'partes de un animal'. Son tan miembros los brazos como las piernas. En 1899 la RAE admite a *miembro* el significado de 'Individuo que forma parte de una comunidad o cuerpo moral'. Sigue siendo un epiceno. Tampoco había muchas mujeres en 1899 a las que se permitiera ser *miembras*, un detallito de nada que podría haber influido. Con el paso del tiempo, las mujeres se incorporan a multitud de espacios (masculinizados, como ya vimos). Siguen siendo *los miembros*, pero se deja de ver muy epicena la cosa; ya estaban allí, era más fácil darse cuenta del detalle. Hasta tal punto dejan de sentirse los miembros que dejan de llamarse así y en 2001 el diccionario recoge *miembro* como una palabra común en cuanto al género: *el miembro, la miembro*.

—¿Y qué? —pensarás—. Justo por eso se dice miembro y no miembra. ¿Dónde quieres ir a parar?

Paciencia, que lo bueno viene ahora. Otras palabras han recorrido este camino[65]: *socio* (el socio; el socio, la socio —que ahora espanta solo leer—; la socia, el socio), *juez* (el juez; la juez, el juez; la jueza, el juez), *cliente* (el cliente; el cliente, la cliente; la clienta, el cliente). Que *miembra* siga la misma trayectoria no depende de la voluntad de la RAE, ni de que ningún académico diga que es una "sandez". Dependerá, única y exclusivamente, de que la usemos lo suficiente. Y cuando desde la Academia lo ponen como ejemplo lo saben y por eso les molesta. Estamos interfiriendo en algo que han hecho a su aire (machista) durante trescientos años. Los aires feministas les parecen ventoleras.

Pero dejemos a *miembras y miembros* en paz. Decía que a través de mecanismos lingüísticos se aprende a discriminar a las mujeres y a naturalizar esas discriminaciones produciendo aniquilaciones simbólicas. Perdemos la capacidad de imaginarlas como parte del patrón humano. Esos mismos mecanismos se reproducen para discriminar a colectivos que, aunque no sean la mitad aproximada de la población mundial, han estado tradicionalmente en situación de discriminación.

En esta nueva faena de nombrar de una forma más justa hemos asimilado las mentiras sobre el lenguaje no sexista o el inclusivo: se trata de no nombrar el masculino, se trata de añadir géneros gramaticales o morfemas que indiquen género gramatical (normalmente -*o*, -*a*, -*e*, y en ese orden), se trata de formar el neutro poniendo *personas* y usando colectivos e impersonales.

---

[65]. Ana M. Vigara Tauste: "Miembras", *Espéculo*, 2008.

Y allá que vamos con tan escasos pertrechos a evitar discriminaciones.

En ocasiones nos pasa como a la RAE con *matrimonio*, intentamos incluir y el desaguisado que nos lía nuestro *señoro de la RAE interior* es considerable. Empezamos con arrobas, con equis, con asteriscos, añadimos una *e*. Y a veces ni así hay manera. Suena mal, nos cuesta hacerlo, nos sale solo a ratos. O estamos hablando, se nos escapa el masculino y colocamos un femenino detrás *mú* rápido y "uf, salvadas (salvados) por la campana".

Ya vimos que la pretensión de "neutralizar" los textos no funciona con las mujeres y no funciona con colectivos tradicionalmente no nombrados o nombrados de forma discriminatoria.

Ojalá todo fuera tan sencillo como cambiar una vocal por otra. Tenemos tres problemas que esquivar, ¿recordáis? El sexismo, la no inclusión en el lenguaje (oral o escrito) y la discriminación en el total de la comunicación. Casi nada…

No valen solo los neutros, no valen solo las vocales y tampoco los corregimos cambiando un signo por otro. Ni arrobas, ni equis, ni asteriscos, ni puntos medios. Nuestra decisión y unas pocas vocales no son suficientes. Porque las vocales son cinco, llevamos usando tres toda la vida —que la *e* ha sido terminación masculina o de género común desde siempre, no lo olvidemos— y a poco que pasen unos años, de seguir añadiéndolas de forma acrítica (subrayen el *acrítica*, porque si se hace con un criterio de no discriminación no tienen nada de malo), las dos restantes se nos van a quedar cortas.

Esa afirmación podría ser cierta si no hubiéramos aprendido ya que esto no va de vocales, sino de detectar las discriminaciones para evitarlas. Hemos visto dónde están las de las mujeres, veremos brevemente cómo se adaptan para discriminar a quien haga falta.

Os contaba al empezar que Darío Villanueva (otra vez por aquí, no se quejará) contaba a raíz de una entrevista tras la publicación de un libro (suyo) que "el lenguaje es un ecosistema y si lo alteramos repercute en todo el equilibrio general[66]". Estoy empezando a preocuparme porque tengo que darle la razón. Paso de la

---

[66]. "Los 'Fuerzos y Cuerpas' de Irene Montero: cuando el lenguaje inclusivo forzoso te juega una mala pasada", *ABC*, 5 de abril de 2019.

preocupación a la sorpresa cuando encuentro, en la web de la Asociación de Academias de la Lengua Española (ASALE)[67], la curiosa idea de equilibrio que manifiestan dichas academias.

Para hacer el CORPES del siglo XXI (el conjunto de textos que se tomarán como referencia para el análisis de la evolución de la lengua, para, en sus propias palabras: "Conocer el significado y características de palabras, expresiones y construcciones a partir de los usos reales registrados") la RAE dice:

El equilibro previsto entre España y América (30%-70%) se mantiene: las formas producidas en textos clasificados como España suponen algo más del 30% y los de América superan los 250 millones de formas.

Hablan español en el mundo unos 567 millones de personas, según datos del Instituto Cervantes. Siempre pensamos en Latinoamérica, pero no solo: en Guinea Ecuatorial, por ejemplo, el español es una de las lenguas oficiales y la habla de forma nativa el 74% de la población. Hay alrededor de 483 millones de personas cuya lengua natal es el español. De esos 483 millones apenas unos 46 lo hacemos en España. Es algo más del 9,5% del total de personas con el español como primera lengua. Si contásemos hablantes, al ser más el porcentaje que representa el español de España (*europeo*, como dice la RAE) se reduciría.

Que tus hablantes apenas lleguen al 10%, tengas sobrerrepresentación hasta más del 30% y lo llames "equilibrio" da para hacer muchas bromas sobre ciencias y letras, pero no las haré.

Tengo la sensación, cuando veo los chocantes intentos de inclusión a través de las vocales, de que pasa algo parecido. El equilibrio es que la letra que representa de forma inequívoca a la mitad de la población mundial no aparezca tanto como para molestar a la otra mitad. Por eso, casi cualquier alternativa se acepta con mayor rapidez que nombrar a las mujeres. No tenemos más que recordar cómo periódicos "progresistas" que llevan treinta años negándose a escribir *jueza* acogen en su seno con presteza (la RAE no es la

---

67. Asociación de Academias de la Lengua Española: "Corpus del español del siglo XXI".

única que sabe escribir cursiladas) expresiones que no visibilizan a nadie como *personas embarazadas*.

No hemos acabado de pretender que las mujeres estén incluidas en el masculino genérico (normalmente identificado con la desinencia -*o*, aunque ya sabemos que no es así) para, sin haber llegado nunca a reconocer por propio derecho su existencia simbólica (normalmente identificada con la terminación -*a*) subsumirlas, por imposición en un pretendido neutro (que empieza a asociarse en determinados casos con el morfema -*e*). La *e* no es neutra y no incluye por defecto. No es inclusivo lo que deja de nombrar algo que ya se nombraba. Si se usa la *e* como específica, incluye a las personas que se reconocen fuera de los géneros gramaticales establecidos. Es un uso novedoso que, guste o no, es legítimo. Sin embargo, el uso de la *e* como supuesto neutro en una sociedad que no es neutra empeora la situación de las mujeres que eran hasta ahora obligadas a incluirse en la *o*, y pasan a ser incluidas en la *e* sin que nunca las palabras que las nombran hayan sido reconocidas en pie de igualdad. Y a la vez, el uso de la *e* como neutra evita la visibilización de quienes hacen disrupción del género binario, porque les une a otros grupos que no están en su situación de discriminación, lo que oculta sus características específicas. En un sistema patriarcal, todo lo neutro se interpreta como masculino. La *e* no tambalea ningún privilegio, refuerza el masculino (que nunca fue discutido); empeora la situación de las mujeres, que vuelven a ser invisibilizadas; y no genera —excepto si es usada como específica— una visibilización real de las personas trans o no binarias.

*El lenguaje inclusivo* hace un esfuerzo consciente para evitar discriminaciones, pueden ser todas o pueden ser algunas, ya que no siempre somos conscientes de lo que excluimos. *El lenguaje no sexista* es el que, por cualquier mecanismo lingüístico, contribuye a situar a las mujeres como presentes simbólicamente.

Tengamos en mente antes de empezar a practicar que los valores del lenguaje no sexista y del inclusivo son distintos. Que uno y otro comunican valores añadidos, pero independientes. Una inclusión no lleva aparejadas automáticamente otras. El no sexismo no lleva aparejada la inclusión. Un uso de la lengua puede ser inclusivo con un colectivo y ser sexista. O ser no sexista pero excluyente de ciertos colectivos. O ser inclusivo de unos colectivos y no de otros.

La inclusión total es complejísima porque nuestra percepción de las discriminaciones se va afinando con el paso del tiempo y hemos de adaptar nuestras habilidades lingüísticas a ellas.

Usos no sexistas que discriminan: Ej.: *La minusválida y el minusválido*.

Usos inclusivos de un colectivo que pueden ser sexistas y discriminadores con otros colectivos: Ej.: *Les minusválides*.

Usos inclusivos que discriminan: 1. A las mujeres (porque pasan de nombradas a ausentes) 2. Al colectivo que se quiere incluir (porque ni se nombra sin asomo de duda ni hay cambio conceptual). Ej.: *Personas con vulva*.

Ni las mujeres, ni los hombres trans, ni las personas no binarias que hayamos nacido con caracteres sexuales de hembras de la especie somos *personas con vulva* o *personas con vagina*. Reducirnos a eso no nos incluye, nos cosifica y *esencializa*. Eso, sin contar con que se sigue reproduciendo la jerarquización en función de los órganos sexuales o reproductores como base de concepción del mundo que se quiere eliminar. ¿Por qué *personas con vagina*, o *sin pene*, o *con pene*, o *sin vagina* —que nos separa y divide— en lugar de personas *con ojos*, o *boca*, o *corazón* o *rodillas*— que nos une e iguala a pesar de las diferencias, aunque sea solo por sacar un poco los pies del tiesto patriarcal?

Porque no podemos escapar tan fácilmente del camino unidireccional de ver el mundo que impone el sistema. Queremos romper la casa del amo pero solo disponemos de las herramientas del amo. Las hemos *tuneado*[68] y olvidamos que siguen siendo suyas. Vamos a incluir a los géneros disidentes, pero no lo hacemos inventando un símbolo, o con una *-y* que puede leerse como vocal; vamos a una vocal que, además, ya es parte de nuestros usos lingüísticos. Y no podemos perderlo de vista o acabaremos, en lugar de destruyendo la casa, haciéndole al amo una reforma gratis.

El trasfondo de esos modos —quiero creer que bien intencionados— de renombrar la realidad es que se quiere quedar bien. Nadie parece querer o atreverse a quedar mal con un colectivo que

---

68. *Tunear* es para el *DLE*: 1. intr. Hacer vida de tuno (∥ pícaro). 2. intr. Proceder como un tuno (∥ pícaro). Yo la uso en el sentido de cambiar de apariencia para adaptar a la moda.

ha tomado la palabra alta, clara y recibido eco social y político relativamente veloz (lo que quizás podría llevarnos a reflexiones —también lingüísticas— muy interesantes sobre a quién se da voz y no o a las resistencias y acogidas según quién reivindica). Y, de nuevo, la mitad de la población sufre las consecuencias: apenas nombradas volvemos a quedar ocultas tras un interés ajeno. ¿Recordáis aquellos tres parámetros para saber si se discrimina? Si no se ha nombrado nunca o se deja de nombrar lo que se nombraba: invisibilización.

Si el deseo, por el contrario, es nombrar lo que nunca se nombró o nombrar mejor lo ya nombrado, ¿qué problema hay —cuando se cree en ella— en nombrar de forma expresa a las mujeres y los hombres trans, a las personas no binarias? ¿Por qué quien considera que tal posibilidad existe no designa con claridad la realidad que percibe y ayuda así, nombrando de forma directa, a cambiar el marco conceptual hegemónico de la realidad binaria? Evitaría de este modo dos de las tres clases de discriminación: no invisibilizaría, no reforzaría una visión del mundo que considera caduca.

Una vez inmersa esa persona en el acto de nombrar, aún tendría que evitar la que completa la terna: las jerarquizaciones y subordinaciones, el trato asimétrico. Es decir, no situar constantemente lo masculino en primer lugar, no nombrar sistemáticamente lo no binario en último lugar. No pensar la realidad percibida como la única existente y medir al resto por ella. No imponer a nadie etiquetas no deseadas. No usar el femenino como el peyorativo máximo.

Por ese motivo la propuesta de uso, y el uso de la *e*, por un lado, apoya la reivindicación de las mujeres de que el lenguaje cambie para reflejar una sociedad que ha cambiado. Por otro, cae en el error común de creer que una vocal es de por sí incluyente de la totalidad y hace evitar la discriminación totalmente. Pero no es así.

Si la *o* es específicamente masculina y genéricamente humana, la *e* es específicamente no binaria y genéricamente humana y la *a* solo es específica, es decir, no incluye la totalidad de lo humano, ¿no sigue habiendo una parte de la sociedad que queda subsumida en otra y sin la capacidad de representar a nadie más que a sí misma?

Porque, en última instancia, esa es la clave. Si creemos, de verdad, en un lenguaje que no discrimine no perpetuaremos en nadie los mecanismos de discriminación. No impondremos nombres y etiquetas que quien recibe rechaza (ni *transexual*, ni *trans*, ni *cis*, ni *terf*, ni *travelo*, ni *mujer*, ni *hombre* ni ninguna). No usaremos los femeninos para ridiculizar (y tan horribles y discriminatorios son *maricona* como *terfa*) ni los neutros para zaherir o excluir en lugar de para contener y acoger (y entran aquí la apropiación de la *a* o la *e* con usos despectivos). No acusaremos de odio a quien nombra su realidad.

No podemos mirar el mundo de otra manera con las herramientas de la lengua usadas de la misma forma, en el mismo orden. Da igual que ahora usemos la *o* como genérica o específica, dependiendo del caso, y mañana la usáramos solo como específica y para aludir a los varones si lo masculino sigue apareciendo una y otra vez en el primer lugar de las enumeraciones o exigiendo concordar. El derecho de lo masculino a ser nombrado en exclusiva, a tener los espacios en exclusiva a "neutralizar" e "incluir" aquello que toca por su simple voluntad. La capacidad (y el poder) de ser a veces genérico, a veces específico, pero que seamos el resto quienes adivinemos cuándo se nos excluye y cuándo no. Tenemos que resetear nuestros cerebros y entrenarlos en percibir cómo discriminamos. Y hacerlo no es cuestión de vocales.

Es decisión. Es aprendizaje. Es práctica.

El lenguaje inclusivo implica no quedarse en qué palabras elegimos para decir las cosas porque la intención es cambiar la posición simbólica de los grupos innombrados (y por tanto ausentes) del marco conceptual hegemónico. Si quiero cambiar lo que piensan otras personas no puedo usar neutros, ni genéricos. Tengo que decir lo que quiero decir con todas las palabras, pero no necesariamente a través de todas las letras, o de alguna. Ya habrá tiempo después de simplificar las fórmulas.

¿Qué podemos hacer para no abusar de las vocales? Muy sencillo: nombrar. Dejar claros los referentes que enmarcan nuestro discurso, sean los que sean. Solo así se amplía el marco conceptual, solo así se genera conciencia, solo así se crean referentes.

Si decides no usar la *e* o aún no sientes seguridad para usarla, ten en cuenta que hay contextos en los que personas trans o no binarias podrán sentirse excluidas. Tenlo en cuenta para evitarlo por otros medios.

Si quieres usar locuciones inclusivas de un colectivo asegúrate de que no invisibilicen a otros colectivos o a las mujeres y de no hacer un trato asimétrico. En un artículo de la revista *Smoda*[69], se utiliza la expresión *personas gestantes* para que no se relacione el embarazo, supongo, solo con mujeres. Sin embargo, y como muestra un solo párrafo:

El mero reconocimiento de que muchas personas gestantes puedan sufrir secuelas físicas y psíquicas —que desembocan en la necesidad de descanso y pausa después de un aborto espontáneo— ya es sanador para una sociedad en la que a quien está deprimido le llamamos vago, a quien está ansioso le llamamos loco y a quien está saturado por el cruce entre las exigencias laborales y familiares le acusamos de no querer hacer bien su trabajo o de ser un criador egoísta. [...] tentativas de los políticos por airear tales consignas [...] juzgamos el sufrimiento de los otros desde un "y yo más".

¿Qué puedes apreciar? Que se tiene mucho cuidado de evitar *embarazadas*, pero el resto del texto o se despersonaliza (y el *quien* concuerda en masculino, lo que ya sabemos qué produce) o usa el masculino genérico (*hijos, los políticos, los otros...*). Porque en nuestro piloto automático lingüístico las mujeres pueden ser apartadas, los hombres no. La única oportunidad de todo un artículo que podría haber visibilizado a las mujeres y, si ese era su deseo, a los hombres trans embarazados, y a las personas no binarias embarazadas y se deja escapar. Porque dejar de nombrar a las mujeres siempre es fácil (nos lo han enseñado con las primeras reglas gramaticales), nombrar lo hasta ahora innominado requiere una dosis de arrojo que la precariedad de los medios de comunicación no siempre permite.

Si decides usar la *e*, recuerda que en sentido genérico invisibiliza a las mujeres. Si la usas como específica junto a otras terminaciones que aludan a género gramatical, puedes probar con un orden alfabético (*-a, -e, -o*) o alternarla en diferentes posiciones; no la dejes siempre en la última posición. Además, si optas por

---

69. Luna Miguel: "Tres días de baja por pérdida gestacional no son suficientes: hablemos de salud mental y abortos", *Smoda*, 18 de abril de 2021.

esta última alternativa, asegúrate de que lo haces sin utilizar solo esa herramienta y entre personas que entiendan el significado que le das.

No intento imponer a nadie una forma de hablar, quiero deciros que hacer el mundo mejor cada día, con cada palabra, es posible. Sea cual sea nuestra manera de interpretar la realidad. Sean cuales sean las posiciones personales en debates extralingüísticos. Hay que querer hacerlo.

## CAPÍTULO 7
## LA NO DISCRIMINACIÓN SE DEMUESTRA PENSANDO (ANTES DE HABLAR O ESCRIBIR)

> Las revoluciones simbólicas son tan potentes que dan miedo.
>
> María-Milagros Rivera Garretas, traductora al español de *Un cuarto propio* de Virginia Woolf

Tendemos a olvidar desde el feminismo que hay algo que la sociedad asume desde hace poco: ser machista es un asco. Y nadie (ni sabiéndose machistas en grado sumo y ejerciendo su machismo a conciencia, es decir, machirulos y señoros) quiere que se señale como tal. Por eso la nueva táctica de quienes están en contra del lenguaje inclusivo es referirse al "masculino genérico" por ¡tachán! "masculino inclusivo". Luego las inconsistentes somos nosotras. Afirman tozudamente que el lenguaje no cambia la sociedad pero quieren dejar de mostrarse a la sociedad como carcamales machistas ¿cambiando su actitud?, ¿escuchando? ¿dialogando? No, cambiando palabras.

Es, para nosotras, una victoria simbólica. Nos han dado la razón: el lenguaje importa. No es lo único, ya lo sabíamos, no cambia nada por sí solo, pero ¿qué podemos hacer sin lenguaje?

En España, la Ley Orgánica 3/2007, de 22 de marzo, para la igualdad efectiva de mujeres y hombres[70] (conocida generalmente como *ley de igualdad*), obliga a los poderes públicos a la utilización de un lenguaje no sexista:

Artículo 14. Criterios generales de actuación de los Poderes Públicos.
11. La implantación de un lenguaje no sexista en el ámbito administrativo y su fomento en la totalidad de las relaciones sociales, culturales y artísticas.

---

70. "Ley Orgánica 3/2007, de 22 de marzo, para la igualdad efectiva de mujeres y hombres", BOE, núm. 71, 23 de marzo de 2007.

Artículo 28. Sociedad de la Información.

4. En los proyectos del ámbito de las tecnologías de la información y la comunicación sufragados total o parcialmente con dinero público, se garantizará que su lenguaje y contenidos sean no sexistas.

Artículo 37. Corporación RTVE.
b) Utilizar el lenguaje en forma no sexista.

Artículo 38. Agencia EFE.

1. En el ejercicio de sus actividades, la Agencia EFE velará por el respeto del principio de igualdad entre mujeres y hombres y, en especial, por la utilización no sexista del lenguaje, y perseguirá en su actuación los siguientes objetivos:

A pesar de ello, el Boletín Oficial del Estado, sistemáticamente, vulnera la norma utilizando expresiones en masculino genérico que no nombran específicamente, lo que contribuye a generar un marco conceptual androcéntrico, que identifica lo humano con lo masculino.

A veces se pretende salir del atolladero con algún añadido poco menos que esperpéntico que podría haberse evitado de tener idea de cómo es eso del "lenguaje inclusivo" a lo que obliga la ley. Un ejemplo, el Real Decreto 298/2021, de 27 de abril, por el que se modifican diversas normas reglamentarias en materia de seguridad industrial:

Disposición adicional única. Uso de lenguaje no sexista.
La referencias que en el texto de este real decreto se hacen a instalador, reparador, conservador, los trabajadores, los operarios cualificados, un técnico titulado universitario, el responsable técnico, los socios, operador de grúa, el médico, un profesional habilitado, el fabricante, el titular de la empresa o al representante legal, así como al interesado, deben entenderse hechas respectivamente a instalador o instaladora, reparador o reparadora, conservador o conservadora, las personas trabajadoras, las personas operarias cualificadas, un técnico o una técnica con titulación universitaria, el personal responsable técnico, las personas socias, operador u operadora de grúa, el médico o la médica, un o una profesional habilitada, la o el fabricante, la persona titular de la empresa, la o el representante legal de la empresa, así como la interesada o el interesado.

Si estos son el interés y el buen hacer de quienes marcan la obligatoriedad del lenguaje, podemos entender las resistencias de la población para usarlo. Resistencias en las que tanto influyen —no podemos olvidarlo— el rechazo de algunas instituciones lingüísticas.

Es también comprensible que a la hora de llevar a la práctica el lenguaje no sexista y el lenguaje inclusivo, los obstáculos de la tarea nos parezcan imposibles de sortear, o el esfuerzo demasiado para lo poco que luce. Las declaraciones de miembros de la Academia diciendo cuánto afeamos el idioma o que somos lo peor que le ha pasado a la lengua española en toda su historia son ya un clásico en sus fantasmales apariciones en medios.

Por si fuera poco, "lo del lenguaje inclusivo" (así, en batiburrillo con el lenguaje no sexista, la comunicación inclusiva o la accesibilidad de las personas con discapacidad) salta a la primera línea de los medios de comunicación cada dos por tres. Unas veces porque alguien que se dedica a la política habla a favor o en contra. O porque un partido de ultraderecha quiere multar si se usa lenguaje inclusivo (no quiero pensar el dineral en multas que llevaría yo al llegar a esta página). Otras porque a una estrella mediática se le escapa alguna incorrección lingüística al usar una herramienta de inclusión y se exagera hasta el aburrimiento; en ocasiones porque vuelve a resurgir alguna noticia del año catapún como si fuera nueva. Las más de las veces porque, allí donde se hable de lengua, de lenguaje, de español o de discriminaciones la cuestión ya es omnipresente:

—Y usted, ¿qué piensa del lenguaje inclusivo?

Si algo hay que reconocer es que desde el feminismo hemos conseguido que no se conciba hablar de lengua sin hablar de las discriminaciones que esta genera o afianza. Sean una rémora del pasado o sean nuevas. Sean responsabilidad de quienes hablan o de quienes registran los usos. Las discriminaciones están y evitarlas es de justicia.

Los titulares capciosos se suceden: "Andalucía prohíbe libros escolares con lenguaje inclusivo[71]", "Alemania reniega del lenguaje

---

71. "Ni 'todas y todos'; Andalucía prohíbe libros escolares con lenguaje inclusivo", *Milenio*, 11 de noviembre de 2021.

inclusivo mientras España se entrega al 'todas y todes'[72]", "Francia prohíbe oficialmente el lenguaje inclusivo en la educación[73]". Lo que molesta no es la censura, a la vista está. Lo que fastidia es que quienes siempre impusieron ciertos usos lingüísticos creen que no hay otro modo de generar cambios que la imposición.

En España, las propuestas no de ley de partidos fascistas —apoyadas por otros de la misma calaña— en los parlamentos de Andalucía, Madrid o Murcia nos han dejado muestras dignas de un festival del humor, por ridículas: "Murcia, Andalucía y Madrid suprimirán el lenguaje inclusivo en los próximos libros de texto[74]". "Alemania reniega del lenguaje inclusivo mientras España se entrega al 'todas y todes'[75]". Retaría a cualquiera de estas criaturas tan enemigas del lenguaje inclusivo a reconocer un texto inclusivo que no use "desdoblamientos". Han identificado la parte con el todo y hacen, de su parcialidad, ley. Es la historia del patriarcado llevada ahora al reducto lingüístico. Solo están defendiendo un fuerte que creen propio: la lengua. No por amor a o por conocimiento de nuestro idioma, sino como parte de lo conciencia clara de que cambiar la forma de nombrar, cambia la visión del mundo.

Como cambia la visión del mundo que en la Unión Europea se proponga cambiar en los textos oficiales la expresión "feliz Navidad" por "felices fiestas[76]" para incorporar, a los días festivos de origen católico, también mediante el lenguaje, a quienes profesan otras religiones, o no tienen ninguna. La polémica apenas tardó unas horas en dar la vuelta al mundo. Soy de cultura católica, de un país católico por más aconfesional que se declare y se ha dicho "felices fiestas" desde siempre. Lo que molesta no es la expresión, es que se tenga la desfachatez de pretender que la no confesionalidad, la laicidad, sean reales y efectivas. Los titulares nos recuerdan mucho a los titulares contra el lenguaje no sexista,

---

72. Rosalía Sánchez, Erika Montañés: "Alemania reniega del lenguaje inclusivo mientras España se entrega al 'todas y todes'", *ABC*, 10 de octubre de 2021.
73. "Francia prohíbe oficialmente el lenguaje inclusivo en la educación: Gobierno lo considera 'un obstáculo a la comprensión de la escritura'", *El Mostrador*, 7 de mayo de 2021.
74. "Murcia, Andalucía y Madrid suprimirán el lenguaje inclusivo en los próximos libros de texto", *El Debate*, 12 de noviembre de 2021.
75. R. Sánchez, E. Montañés: "Alemania reniega…", *ABC*, 10 de octubre de 2021.
76. "Francia prohíbe…", *El Mostrador*, 7 de mayo de 2021.

porque su raíz es la misma: la negativa a perder parcelas de poder simbólico. "Adiós 'Feliz Navidad'"[77]. Hasta el papa Francisco se pronunció ("El papa Francisco rechazó cambiar 'feliz Navidad' por 'felices fiestas'"), como si su opinión en los asuntos de la Unión Europea, a la que el Estado Vaticano no pertenece, le incumbieran o como si alguien se estuviera dirigiendo a él o al Estado (físico) al que representa. Porque el espacio espiritual era, justamente, el que la Unión Europea quería dejar en lo privado para disfrutar de un espacio común laico en el que las religiones no marcaran aún más la convivencia. A veces no somos conscientes de que los calendarios de medio mundo se mueven al son de religiones que tenemos que bailar nos gusten o no el baile y la música, ¿tan grave era ceder ese mínimo espacio? No es grave, pero puede marcar la diferencia. Es un espacio menos de influencia. Ese es, exactamente, el poder de las palabras.

Las respuestas desde el feminismo a los ataques contra el lenguaje no sexista y el lenguaje inclusivo son siempre las mismas porque los argumentos rara vez varían: eso que dicen no es lenguaje inclusivo, eso no es lo que pedimos, eso son malas prácticas o usos poco hábiles pero se puede hacer mejor; no queremos imponer, sino concienciar, no queremos ideologizar, sino desideologizar. Pero es preferible no escuchar. Porque atender a nuestras razones mostraría cómo con voluntad, aprendiendo a percibir las discriminaciones y unas buenas habilidades lingüísticas es relativamente sencillo (quizás no rápido, aunque también dependerá de la cantidad y calidad de las opciones comunicativas de cada quién). Si se nos tiene en cuenta sería demasiado evidente que las resistencias no son gramaticales, son ideológicas. Lo que molesta no son las palabras, lo que molesta es la igualdad; ceder el poder, hasta ahora exclusivamente masculino, de definir el mundo.

Desde que hay escritura el relato masculino es la vía de aprendizaje. Para los varones los referentes son incalculables, su genealogía se hunde en el principio de los tiempos y hay un hilo conductor en ese relato que los cohesiona. Las mujeres somos esos *versos sueltos* de los que ya hablé, que aparecemos y desaparecemos de

---

[77]. Carla Robles: "Adiós 'Feliz Navidad': proponen cambiarla por frase con lenguaje inclusivo", *Cultura Colectiva*, 9 de diciembre de 2021.

la memoria según algún hombre no haya tenido más remedio que dar fe de ellos.

Adrienne Rich lo dijo mucho mejor:

A cada trabajo feminista, existe la tendencia a recibirlo como si saliera de la nada, como si cada una de nosotras no hubiera vivido, pensado y trabajado con un pasado histórico y un presente contextual. Esta es una de las formas por medio de la cual se ha hecho aparecer el trabajo y el pensamiento de las mujeres como esporádico, errante, huérfano de cualquier tradición propia[78].

Solemos conocer a las grandes mujeres porque algún hombre (grande o pequeño) "tuvo a bien" mencionarlas. Y a partir de ese rastro vamos investigando con esfuerzo, con tesón, para hacer genealogía. Esa ausencia de referentes nos deja huérfanas, nos cuesta vernos como iguales, como autoridad, sentirnos parte de un todo desde siempre. Si no tenemos la suerte de que coincidan determinados factores (de época, de lugar en el que naces, de posibilidades económicas, de circunstancias personales) posiblemente no podamos (o no sepamos para qué) poner todo ese empeño en rastrear mujeres y acabaremos tomando como referentes a hombres, citando a hombres, sintiéndonos más importantes si nos nombran en masculino.

Por eso todas las prácticas son siempre pocas. Se enseña y aprende a través de artefactos lingüísticos un sistema de valores que nos hacen pasar por objetivo, aséptico, neutro. No lo es, pero no podemos extirparlo para acabar con el sexismo. Hay que sustituirlo por otro más completo, con más matices, donde la diferencia y la discriminación no sean indisolubles.

Una vez asumimos a nivel simbólico la subordinación y la invisibilidad (esos "yo como mujer me siento representada en el masculino genérico", o "qué tontería que estéis invisibilizadas, el masculino ya os incluye", por ejemplo), el resto de los mensajes que refuerzan expresamente el machismo (*mujer tenías que ser*; *calladita estás más bonita*; *la suerte de la fea la guapa la desea*; *si buena, mal y si mala, peor*) solo apuntalan una base ya de por sí sólida. A veces rechazamos lo

---

78. Adrienne Rich, *Sobre mentiras, secretos y silencios*, Barcelona, Icaria, 1983, p. 19.

expreso y abrazamos amorosamente lo oculto. Resultado: el "ni machista ni feminista" que tanto ha calado en la sociedad.

Tenemos tres problemas que a duras penas detectamos porque cuando se producen sus consecuencias nos parecen tan naturales como el aire que respiramos. Pero ¿cuántas veces no hemos respirado aire contaminado sin ni siquiera saberlo? Aprender a nombrar el mundo interiorizando mecanismos de exclusión también supone un problema. Aunque haya quien nunca tenga una enfermedad pulmonar, aunque haya gente perfectamente sana viviendo en un ambiente de polución, las personas enferman por la contaminación, es un problema al que poner freno o, todavía mejor, corregir.

Los tres problemas, a grandes rasgos, eran (y son) estos:

1. **Aniquilación simbólica (la invisibilización).** Lo masculino siempre debe ser nombrado (estar) y las mujeres lo serán (estarán) en función de que haya o no un varón (o el género gramatical masculino) u otros intereses presentes. Mecanismos principales para producirla:
   - Masculino genérico. El género gramatical masculino no está marcado, y funciona para los hombres y para la especie.
   - Salto semántico. Se empieza pensando en un grupo mixto pero se concuerda en masculino, independientemente de la concordancia necesaria o bien más adelante, se deja adivinar que solo se pensaba en un grupo de hombres: *El pueblo bajó hasta el muelle, las mujeres se quedaron con los preparativos de la fiesta*.
   - Androcentrismo. En defecto de un referente que indique otra cosa, la traducción mental será en masculino. Se identifica lo genéricamente humano con el varón y se le toma como representante del total de la humanidad.
2. **Jerarquización discriminatoria.** Da igual el orden "oficial" de aparición de las letras, que el alfabeto empiece en la *a*, que las vocales empiecen en la *a*, que los diccionarios sigan ese orden. Si hay mujeres y hombres, lo masculino va delante. Principales mecanismos para reproducir la jerarquización discriminatoria:

- Anteposición sistemática del género gramatical masculino, que acaba traduciéndose en nombrar lo que parece menos importante en último lugar. *Todos, todas, todes.*
- Estatus vicario. Referirse a las mujeres en función de un hombre: *la novia de, la mujer de, la viuda de.*
- Aposición redundante. Cuando se usa *mujeres* junto a un nombre en femenino, marcando innecesariamente el género gramatical. *Las mujeres abogadas.*
- Singular alegorizante. Cuando se dice *la mujer* para referirse a todas las mujeres. Como en *el rol de la mujer.*
- Tratamiento asimétrico. *Matrimonio* en sus definiciones: 'hombre y mujer' o 'personas del mismo sexo' en dos definiciones distintas. Que a ellas se las llame solo por su nombre y a ellos por nombre y apellidos. Que se usen palabras para sustituir *mujer* para no excluir a personas trans y no binarias pero no se haga lo mismo para sustituir a *hombres*.
- Duales aparentes, vacíos léxicos y vocablos ocupados, como sucedía con *señorito/señorita*.
- Infantilización, menosprecio, cuando se dice *una mujer* o *tres mujeres* sin individualizarnos.
3. **Perpetuación del marco conceptual hegemónico.** Hablamos una lengua que cristalizó hace unos 300 años en una forma determinada, y es la ideología de esa época la que subyace: sexista, homófoba, clasista, racista, capacitista, binaria, patriarcal... Si no aportamos referentes que nos permitan aportar otras visiones, interpretaremos lo supuestamente neutro o general en ese marco. Hay que poner especial atención aquí a todo lo que se nos presenta como general, colectivo o neutro. Sucedía en la adivinanza de la eminencia. ¿Lo que nos viene por defecto a la mente, sin poner más información, es lo que se considera "normal" para el tiempo y el lugar en el que vivimos?

Esto nos compele a poner atención no solo a las palabras que se refieren a personas. Si queremos evitar discriminaciones, los verbos y calificativos necesitan una revisión pormenorizada.

Algunos ejemplos históricos: la conquista de Granada en 1492 fue, en realidad, la entrega de una ciudad. Entrega que el bando ganador de la guerra llamó *toma*, supongo que porque, *recepción* era palabra menos gloriosa y *entrega de llaves* nos suena a apartamento en la playa. Conquistar es ganar, tomar implica ganar por las armas (lo que no sucedió). Dicen tanto las palabras que eliges como las que descartas. Más cercano en el tiempo y en tierras vecinas, la masacre sobre las gentes de Málaga que escapaban de la ciudad en febrero de 1937, aterrorizadas por la llegada de los golpistas que ganaban la guerra, no es recordada con el nombre que el pueblo le dio, *La huía*, sino con el que el bando fascista, el ganador, la llamó para mofarse, *La desbandá*. Huir implica miedo, *desbandarse* solo mala organización. Y *conquista* se quedó una y *desbandá* se quedó la otra. Porque la historia se escribe desde el poder. Y solo se exigen exquisitez sintáctica, morfológica, lingüística, gramatical y asepsia ideológica cuando se escribe desde los márgenes para romper el discurso sesgado dominante.

Otro ejemplo de historia, contada hoy en un manual revisado por mí en los primeros meses de 2021: los romanos llegan a la península ibérica y la *pueblan*, los fenicios *conocen* nuestras costas mediterráneas y se *establecen*, los celtas ya habían *pisado suelo* aquí, los musulmanes nos *invaden*. Sin embargo, España (sí, así, España; no la Corona de Castilla) llega a América y la *descubre*, Europa (también así, demos gracias a que, al menos, no dijeron la Unión Europea) llega a América y la *cristianiza* (echad un ojito cuando podáis a las definiciones de *colonia* y *colonizar* en el *DLE*). Europa (en Europa somos muy de viajar de toda la vida) llega a África y la *civiliza*. La elección de verbos nunca es casualidad. Por supuesto, los masculinos son omnipresentes en este tipo de textos. Ya sabemos que la Historia la han hecho hombres mientras las mujeres esperábamos amorosa, y pasivamente, su regreso (o la llegada de los civilizadores, claro, dependiendo de dónde estemos).

Ahora conjugamos otros verbos porque no aceptamos solo el ser, el esperar, el parir o el cuidar que teníamos adjudicados: hacer, decir, contar, narrar, cambiar, mover, estar, negar, consentir, exigir. Vivir.

## CAPÍTULO 8
## LA PRÁCTICA HACE LA LENGUA

> Se salva la lengua utilizándola, no fustigando.
> Porque el lenguaje lo hacemos continuamente.
>
> Mª LUISA BALSEIRO, Premio Nacional
> de Traducción en 1987 y 1993

He de admitir que compaginar el conocimiento de los mecanismos lingüísticos que generan o perpetúan discriminaciones y la práctica cotidiana de la lengua puede hacerse cuesta arriba, es cierto. Tenemos infinidad de guías que explican los mecanismos lingüísticos, ponen nombre a los fenómenos y te dan ejemplos de esto sí, esto no. Listas interminables de palabras que puedes cambiar por otras. A lo largo de los años hemos hecho lo que podíamos con escasa ayuda, por no decir ninguna, por parte de quienes se adjudican la autoridad en estos temas.

El resultado a la hora de practicar ha sido más o menos exitoso dependiendo de los casos. Hay quien se ha aferrado a lo que la RAE llama "desdoblamiento". Nunca tanto como se nos reprocha, pero sí lo bastante como para provocar rechazo. Como herramienta única la flexión en género se hace monótona, como se hacen monótonas las muletillas o el masculino genérico. La diferencia es que, al ser nuevo, nos llama mucho más la atención. Es lo mismo que sucede con las palabras que se acuñan para incluir realidades femeninas, por ejemplo, *monomarental*. Otras palabras derivadas de los estudios feministas, calcos del inglés, producen rechazo a pesar de tener derivaciones similares ya en nuestra lengua, por ejemplo, de *producción* tenemos *producto*, que no extraña a nadie, pero todavía se ven ceños fruncidos cuando de *construcción* derivas *constructo*. Si se ha conformado de acuerdo con la norma gramatical y nombra una realidad específica innombrada, ¿cuál es el problema? La palabra se ha lanzado a la sociedad y será masa de hablantes la que la acoja o la rechace.

La cuestión es que si tenemos que articular un discurso completo (de forma oral, por escrito, sea para una auditoría, una empresa, una ley, un artículo periodístico o una comunidad vecinal) y se nota demasiado, algo ha fallado. Cuando estás hablando o escribiendo y lo que sobresale o lo que se recuerda son las herramientas que usas, no estás usándolas bien. Si en una novela puedes detectar los artificios que se usan para atrapar tu atención dejas de pensar en la trama, se rompe el acuerdo lector de creer lo que te cuentan mientras lees. O cuando usas una muletilla y acabas aburriendo a las ovejas. Tu comunicación es deficiente si lo que querías decir no es lo que destaca de tu mensaje. Si no era tu intención y se nota demasiado la forma y nadie recuerda el fondo, algo se está haciendo mal. Salvo que no tuvieras nada que decir y dicha forma solo sea el disfraz de tu vacío. Pero eso es un tema aparte.

Cada ámbito de conocimiento tiene un lenguaje particular, específico. En todos ellos se plantean dilemas a la hora de buscar opciones no sexistas e inclusivas. Vamos a hacer un repaso por algunos ejemplos que he podido encontrar a lo largo de mis años de experiencia, de los que, espero, se puedan extraer indicaciones generales que permitan avanzar hacia un lenguaje sin discriminaciones, fluido y, si es necesario y así lo deseas, gramaticalmente correcto.

Cambiar una palabra por otra, en ausencia de contexto es sencillísimo. Lo difícil es mantener la coherencia, la fluidez, no repetir ni cometer incorrecciones (de ningún tipo) en un texto largo. Por eso, en este capítulo, dejaré extracto de textos de diferente extensión y que precisaban distintas estrategias. El esquema aproximado será este:

1. Tipo de texto.
2. Texto original.
3. Alternativa no sexista.
4. Esquema de estrategias elegidas y por qué estas y no otras.

¡Allá vamos!

# EN LOS TEXTOS LITERARIOS

## PRÓLOGO (EN ESPAÑOL EN EL ORIGINAL)

La actitud de Galdós respecto de la mujer en sus novelas resulta excepcional en la narrativa española del XIX. Quienes le clasifican de feminista o antifeminista sobrepasan la frontera de lo sensato. La obra de un autor hombre exhibirá características varonistas, precisamente, porque el autor es un hombre, lo que en absoluto implica que sea feminista o antifeminista. Pienso que solo las escritores mujeres lo pueden ser[79].

Disculpen pero tenía que usarlo para que participen del pasmo que sentí cuando leí (y releí un par de veces por no dar crédito). La "traducción" no sexista, y sin intervenir en la posición teórica del autor sino en la puramente expresiva, podría ser esta:

La actitud de Galdós respecto de las mujeres en sus novelas resulta excepcional en la narrativa española del XIX. Quienes le clasifican de feminista o antifeminista sobrepasan la frontera de lo sensato. La obra de un escritor exhibirá características "varonistas", precisamente, porque el autor es un hombre, lo que en absoluto implica que sea feminista o antifeminista. Pienso que solo las escritoras lo pueden ser.

Estrategias utilizadas:

- Sustitución del singular alegorizante *la mujer* por *las mujeres*.
- Cambio de *un autor hombre* por *un escritor*.
- Se deja *el autor es un hombre* para indicar que es un específico.
- Se reemplaza *las escritores mujeres* por *las escritoras*. Recordemos que la concordancia de género no es opcional en español (*GRAE* 2.1.b). Podría haber optado por *las escritoras mujeres* si no supiéramos ya que supondría un uso sexista (la aposición redundante).

---

79. Benito Pérez Galdós, Barcelona, Espasa Libros, 2014. Primera edición en libro electrónico (ePub): mayo de 2014. Edición de Germán Gullón.

Obsérvense dos puntos importantes:

- El autor de este texto usa ya un *quienes* en lugar del tan habitual y sexista *los que*, por lo que no necesita ser modificado.
- *Varonista* no está en el diccionario. Más adelante, en un párrafo no utilizado emplea otra variante que tampoco está en el diccionario: *varoncista*.

TRADUCCIONES DE ENSAYOS

Soy consciente de que el oficio de traducir es mucho más delicado y laborioso de lo que estos ejemplos pueden dejar traslucir y quiero solo señalar algunos puntos de mejora con el mayor respeto y ánimo constructivo. En ningún caso hago extensiva la crítica de estos puntos concretos al total de la traducción de la obra de la que se extraen o al total de las traducidas por cada profesional que aparezca. En todos los casos elijo algunos ejemplos de las docenas posibles.

**Caso 1. *Un cuarto propio*, Virginia Woolf, capítulo 1**

Ejemplo 1. Traducción de Jorge Luis Borges. Edición digital Daruma sobre texto original de 1929.

Para escribir novelas, una mujer debe tener dinero y un cuarto propio.
[...]
Ahí, mientras las horas giraban en el reloj, uno podía ensimismarse en su pensamiento.
[...]
Sea lo que fuere, cuando un tema es muy discutible —y cualquier tema donde interviene el sexo lo es— nadie puede esperar decir la verdad. Solo es posible referir de qué modo uno ha llegado a una opinión. Solo es posible dar al auditorio la oportunidad de formarse opiniones individuales, al observar las limitaciones, los prejuicios, las idiosincrasias del conferenciante.

Ejemplo 2. Traducción de Laura Pujol. Edición de Seix Barral (Editorial Planeta, 2017).

Una mujer debe tener dinero y una habitación propia para poder escribir novelas.

[...]

Uno habría podido permanecer allí sentado horas y horas, perdido en sus pensamientos.

[...]

De todos modos, cuando un tema se presta mucho a controversia —y cualquier cuestión relativa a los sexos es de este tipo— uno no puede esperar decir la verdad. Solo puede explicar cómo llegó a profesar tal o cual opinión. Cuanto puede hacer es dar a su auditorio la oportunidad de sacar sus propias conclusiones observando las limitaciones, los prejuicios, las idiosincrasias del conferenciante.

Propuestas (y nunca pensé que iba a enmendarle la plana a Borges, pero la irreverencia feminista no conoce límites):

- Me quedo con *Una mujer debe tener dinero y una habitación propia para poder escribir novelas*. Porque lo que colocamos en primer lugar es aquello a lo que damos más importancia y lo importante en esta conferencia hecha por una mujer, que leemos mujeres, no es la novela, o lo que se escriba, sino el hecho de escribirlo una mujer y de tener las condiciones que lo permitan. La novela es el medio para exigir la condición.
- En ambas traducciones, si habla una mujer ese *uno* debería ser *una*. Nunca conseguiremos identificarnos con un sujeto universal si no nos nombramos para compartir nuestras experiencias individuales.

No seré yo quien dé las alternativas en este caso, sino la traductora María-Milagros Rodríguez Garretas:

De todos modos, cuando un tema es altamente controvertido —y toda cuestión sobre el sexo lo es—, una no puede confiar en que dirá la verdad. Una no puede más que mostrar cómo llegó a formarse la opinión que tiene. Una no puede más que darles a sus oyentes la posibilidad de sacar sus propias conclusiones mientras observan las limitaciones, los prejuicios y las peculiaridades de la conferenciante.

Creo que la diferencia de lo que se transmite es tan evidente que no necesita comentarios.

**Caso 2. Traducción del inglés al español de *Mi vida en la carretera*, 2016**[80]

Contexto del libro. Autobiografía seminovelada de la activista feminista norteamericana Gloria Steinem. En estos párrafos narra una de las primeras reuniones masivas de las feministas estadounidenses. Más de dos mil delegadas.

1. Si aspiras a que la gente cambie su forma de vida, tienes que saber cómo vive. Si quieres que te vean, tienes que sentarte con ellos y mirarlos a los ojos [...]
2. [...] Tras una emotiva ceremonia de clausura que concluyó con todos los delegados y observadores cantando y entonando proclama...

¿Cómo podría haberse respetado mejor el contexto inclusivo en todo el libro?

1. Si aspiras a que la gente cambie su forma de vida, tienes que saber cómo vive. Si quieres que te vean, tienes que sentarte con ella y mirarla a los ojos [...]
2. [...] Tras una emotiva ceremonia de clausura que concluyó con mujeres y hombres de delegaciones y equipos de observación cantando y entonando proclamas...

Estrategias:

- En el primer ejemplo: Tomar como referente a *la gente* y concordar en femenino porque, ¿de dónde viene ese *ellos*? Si es *gente*, hay que concordar en femenino y en singular.

---

80. Gloria Steinem, *Mi vida en la carretera*, Madrid, Alpha Decay, 2016. Traducción de Regina López Muñoz, pp. 77, 115.

- En el segundo ejemplo: Se sustituye el masculino genérico y se usan los colectivos *delegaciones* y *equipos de observación* apostillando *mujeres y hombres* para completar la imagen en la que, incluso ellos, reticentes al principio, participaban del júbilo feminista.

### Caso 3. Traducción del inglés al español de *Sexismo cotidiano*, 2017

Contexto del libro. Habla de las situaciones de acoso que sufrimos las mujeres a diario, dentro y fuera de las redes sociales. No he tenido acceso al texto en inglés, por lo que no sé exactamente cómo se formula en el idioma original. La traducción es esta:

Nuestra experiencia de todas las formas de prejuicio —desde sexismo cotidiano a acoso angustioso a violencia sexual— forman parte de un continuo que nos afecta a todos, que nos moldea a nosotros mismos y nuestras ideas sobre el mundo.

[...] Entrada publicada por una mujer en la página del proyecto decía: Es sorprendente que tantos de nosotros estemos tan resignados a algo que si estuviera dirigido a cualquier otro grupo se consideraría gravemente ofensivo[81].

En el contexto de ese libro, estoy segura de que no emplear el masculino genérico quizás no respetaba la literalidad de lo escrito en inglés, pero siendo un texto reivindicativo de los derechos de las mujeres no habría traicionado el espíritu de la autora decir algo como:

Nuestra experiencia de todas las formas de prejuicio —desde sexismo cotidiano a acoso angustioso a violencia sexual— forman parte de un continuo que afecta sin excepción, que nos moldea como personas y moldea nuestras ideas sobre el mundo.
[...] Entrada publicada por una mujer en la página del proyecto decía: Es sorprendente que tantas de nosotras estemos tan resignadas a algo que si estuviera dirigido a cualquier otro grupo se consideraría gravemente ofensivo.

---

81. Laura Bates, *Sexismo cotidiano*, Capitán Swing, Madrid, 2018. Traducción de Lucía Barahona, pp. 20-30.

Estrategias utilizadas:

- Sustitución del masculino genérico *nos afecta a todos, que nos moldea a nosotros mismos* por *afecta a todo el mundo, que nos moldea como personas*. Posiblemente, la opción en femenino también habría tenido cabida: *nos afecta a todas, que nos moldea a nosotras mismas*.
- Cambio del masculino genérico *tantos de nosotros estemos tan resignados* por femenino: *tantas de nosotras estemos tan resignadas*. También, si se refiere a mujeres y hombres, podría haber sido *tantas personas estemos tan resignadas*.

Sobre la traducción con enfoque de género y los recursos a utilizar, recomiendo encarecidamente leer el texto en red "*Un cuarto propio* traducido en femenino es otro libro[82]" de María-Milagros Rivera Garretas y "Traducir como intimar", de la misma autora.

TEXTOS LITERARIOS EN ESPAÑOL

Hace unos meses me llegaba a través de las redes sociales una especie de "reto" no sé si con la intención de que lo superase o de dejarme en ridículo.

El texto que me proponían (y cuya procedencia ignoro) era este y me advertían de la imposibilidad de dar una alternativa no sexista sin desdoblamientos.

—No sabes lo que es, ¿no? —Dios, qué mal se me daba disimular. Lúa no me dio tiempo a contestar—. Soy maquilladora de cine y teatro… Los de caracterización somos los que maquillamos las heridas de bala que ves en las pelis y hacemos que los actores parezcan otras personas… o monstruos o alienígenas. —Asentí, ahora de verdad. Ella apostilló—: Pero como no tengo curro de lo mío malvivo maquillando a tertulianos en una cadena de televisión. En España, los que trabajamos en la industria del cine somos los más puteados por la crisis… Para que te hagas una idea —dijo abriendo una

---

82. María-Milagros Rivera Garretas: "*Un cuarto propio* traducido en femenino es otro libro", texto para una presentación de *Un cuarto propio*, Sabina Editorial, 2018.

mano y enumerando con los dedos—: a la cola de los trabajos menos requeridos desde que empezó la crisis están los albañiles, los periodistas independientes y, al final de todo, nosotros. —Y añadió con frustración casi para ella misma—: Ahora más que maquillar a personas para que parezcan monstruos, lo que hago es intentar que los monstruos parezcan personas.
[162 palabras, 778 caracteres sin espacios].

La verdad es que no entiendo la condición de la ausencia de desdoblamientos. ¿No éramos las del lenguaje inclusivo las que censurábamos e imponíamos condiciones? Aun así, se me ocurrieron varias alternativas, de las que solo dejaré una. No quiero decir que sea la mejor posible, seguramente tendréis otras estupendas. Pero alternativas hay. Esta la encontré en el coche (de acompañante, la seguridad es lo primero), tecleando el teléfono móvil y sin gafas. Un triple salto mortal, vamos. Esta fue mi primera opción de "traducción"; aunque no tengo pruebas, quedo en manos de vuestra confianza en mi palabra.

—No sabes lo que es, ¿no? —Dios, qué mal se me daba disimular. Lúa no me dio tiempo a contestar—. Soy maquilladora de cine y teatro… En caracterización somos quienes maquillamos las heridas de bala que ves en las pelis y hacemos que los actores o actrices parezcan otras personas… o monstruos o alienígenas. —Asentí, ahora de verdad. Ella apostilló—: Pero como no tengo curro de lo mío malvivo maquillando a comentaristas en una cadena de televisión. En España, trabajar en la industria del cine es que te puteen por la crisis… Para que te hagas una idea —dijo abriendo una mano y enumerando con los dedos—: a la cola de los trabajos menos requeridos desde que empezó la crisis están la albañilería, el periodismo independiente y, al final de todo, mi gremio. —Y añadió con frustración casi para ella misma—: Ahora más que maquillar a personas para que parezcan monstruos, lo que hago es intentar que los monstruos parezcan personas.
[161 palabras, 771 caracteres sin espacios].

Estrategias utilizadas:

- Cambio de dos masculinos genéricos *los de caracterización* y *los que* por un impersonal + *somos quienes*.

- Añadir *o actrices* a *los actores*. Si hubiera querido evitar el desdoblamiento a toda costa podría haber dicho *que una persona parezca otra*, por ejemplo.
- Sustitución de *los tertulianos* por *comentaristas*.
- Cambio de la frase *los que trabajamos en la industria del cine somos los más puteados por la crisis...* por *trabajar en la industria del cine es que te puteen por la crisis* para evitar el uso de otro *quienes*.
- Cambio de la enumeración en masculino por las profesiones: *están los albañiles, los periodistas independientes y, al final de todo, nosotros* por *están la albañilería, el periodismo independiente y, al final de todo, mi gremio*.

Ahora que tecleo lo que garabateé sobre una imagen, creo que quitaría ese *somos quienes* porque la frase tiene perfecto sentido sin él y es más fluida. Dejaría la opción de los oficios porque el texto decía *trabajos*; el trabajo es el oficio, no quien lo hace. El propio texto nos daba la solución en bandeja para evitar el desdoblamiento.

Sí he optado por utilizar la flexión en género (el mal llamado "desdoblamiento") en *los actores y actrices*. Creo que *actores o actrices* es otra buena opción.

*Los monstruos* siguen en masculino porque solo tenemos que evitar las discriminaciones con las personas.

Aprovecho aquí para advertir de algo que dije hace algunos capítulos: los *nosotros* los carga el señor interior, porque si decimos *nosotros*, no podemos añadir *y nosotras*. Y si decimos *nosotras*, el *nosotros* no tiene cabida. O estamos en un grupo o en el otro. Eso o tenemos el don de la bilocación. Sería, en todo caso, nosotras y vosotros. O nosotros y vosotras según lo digan una mujer o un hombre.

Este ejemplo no quiere decir que haya que revisar cada libro escrito en la historia de la literatura. Lo escrito, escrito está. Valgan las revisiones como aprendizaje de cara al futuro. Yo misma releo mis textos de hace quince, diez años y no dejaría una frase intacta. No solo por el lenguaje inclusivo, porque mi manera de ver el mundo es otra con el paso del tiempo.

Y, como hablamos del paso del tiempo y de aprender, veamos algún ejemplo de textos educativos.

# EN LOS TEXTOS ESCOLARES

Hubo en el año 2021 algunas enormes polémicas a cuenta del lenguaje inclusivo. Una de ellas por un libro de Historia empleado en la comunidad autónoma andaluza en el que se decía (las erratas son del texto original)[83]:

Se creó el Tribunal de la Inquisición (1478) para asegurar el predominio del cristianismo. Su misión era juzgar a los sospechosos y sospechosas de herejía o delitos de fe y sancionar a los condenados y condenadas con castigos ejemplarizantes.
En 1492 se instó a todos los judíos y judías a convertirse al cristianismo o a abandonar el reino. Los nuevos cristianos y cristianas recibieron el nombre de conversos y conversas.
[...] Tras la conquista de Granada, se garantizó a los musulmanes y las musulmanas la práctica de su religión y el mantenimiento de sus costumbres.
A los musulmanes y musulmanas que aceptaron bautizarse recibieron el nombre de moriscos y moriscas [...] [111 palabras, 562 caracteres sin espacios].

No era la única alternativa a los masculinos genéricos. Veamos otra y decidan cuál les parece más adecuada:

Se creó el Tribunal de la Inquisición (1478) para asegurar el predominio del cristianismo. Su misión era juzgar a quienes estaban bajo sospecha de herejía o delitos de fe, fueran mujeres u hombres, y sancionar, tras la condena, con castigos ejemplarizantes.
En 1492 se instó a judías y judíos a convertirse al cristianismo o a abandonar el reino. Al cristianizarse se identificaba a los varones como conversos y a las mujeres como conversas.
[...] Tras la conquista de Granada, se garantizó la práctica de la religión musulmana y el mantenimiento de sus costumbres a quienes la profesaran.
[...] Al recibir el bautismo las mujeres recibían el nombre de moriscas, los hombres eran llamados moriscos [...] [114 palabras, 582 caracteres sin espacios].

---

83. *Geografía e Historia*. 2º ESO, curso 2020/2021, edición Andalucía, Vicens Vives.

Estrategias utilizadas:

- Sustitución de siete de los ocho "desdoblamientos" por otro tipo de estructuras.
- *Sospechosos y sospechosas* por *quienes se encontraban bajo sospecha*.
- Añadir la apostilla *fueran mujeres u hombres* para introducir el referente sexuado y no originar despersonalización.
- *Sancionar a los condenados y condenadas con castigos ejemplarizantes* por [...] *y sancionar, tras la condena, con castigos ejemplarizantes*.
- Se evita la duplicación de todos los elementos personales con una nueva redacción: *Los nuevos cristianos y cristianas recibieron el nombre de conversos y conversas* pasa a ser *Al cristianizarse se identificaba a los varones como conversos y a las mujeres como conversas*.
- Nueva redacción para *Se garantizó a los musulmanes y las musulmanas la práctica de su religión* resultando *Se garantizó la práctica de la religión musulmana*.
- Mención a la condición sexuada sin usar dos veces la flexión en género. La frase *A los musulmanes y musulmanas que aceptaron bautizarse recibieron el nombre de moriscos y moriscas* queda así: *Al recibir el bautismo las mujeres recibían el nombre de moriscas, los hombres eran llamados moriscos*.
- Cambio de la estructura usada en el "desdoblamiento": Eliminación de un *todos*, determinantes y posición del femenino en primer lugar. Al ser específico, para aludir a la totalidad, se coloca el masculino detrás. *Se instó a todos los judíos y judías* pasa a *Se instó a judías y judíos*.
- Observación: el corrector me marca como redundante "sospechosas y sospechosos", pero no "sospechosos y sospechosos" una errata contenido en el texto impreso original. Hasta ese punto la redundancia masculina se considera "natural" o "correcta".

En este caso los verbos usados podrían también haber tenido un lavado de cara, pero he procurado respetar el texto original.

Se podría hacer de otro modo más respetuoso e inclusivo sin alterar la historia, sino nuestra mirada sobre ella. Porque la historia que contamos es el resultado de un enorme conjunto de datos con múltiples caras, como esos puzles infantiles con cubos. Las mismas piezas construyen distintos puzles, depende de qué lado escojas. Una vez completado solo vemos una imagen. No digo que la próxima que formemos sea buena, mala, mejor o peor. Solo digo que hay más y no podemos obviarlo.

EN LAS REDES SOCIALES

MENSAJES POLÍTICOS

Sean más o menos eficaces los usos del lenguaje no sexista y del inclusivo hechos desde la clase política, lo cierto es que han sido los que han calado socialmente como única expresión de lo que se considera "lenguaje inclusivo". Una evolución que ha pasado del desdoblamiento al triplete (casi siempre -*o*, -*a*, hasta hace poco tiempo, y -*o*, -*a*, -*e*, cuando no -*o*, -*e*, ahora y dependiendo de los distintos territorios y del dominio de unas u otras variantes del español).

Destacaremos algunos que, por entenderse como "lenguaje inclusivo", podrían haberse realizado de forma más efectiva y contribuir así a desterrar mitos y falacias acerca del mismo. Son, precisamente, estas malas prácticas las que favorecen la ridiculización esperpéntica.

Vaya por delante que la crítica se hace, exclusivamente, para el uso del lenguaje, no al contenido del mensaje o el acuerdo o desacuerdo con él.

**Caso 1. Rueda de prensa de Isabel Celaá, 8 de marzo de 2018**

La ministra finaliza su intervención con un recordatorio acerca de la fecha:

Me permito recordarles que hoy es 8 de marzo, Día Internacional de las Mujeres. Celebramos juntas... y juntos también, este día importante para nosotras, importante para lo que significa la igualdad, la lucha por la igualdad que sostenemos conjuntamente. Así que espero que ustedes pasen; ustedes, vosotros y vosotras; ustedes, ellos y ellas; (risas de la ministra) un buen día en el avance de los derechos de igualdad.

Puedo identificar perfectamente el mecanismo que ha hecho que esas breves palabras la pusieran en semejante aprieto. Quería incluir, no quería dejar a los hombres fuera del trabajo por la igualdad (porque no tenemos costumbre de que un hombre aparezca implícito en ningún discurso, tiene que aparecer de forma clara), pero no sabía cómo hacerlo y optó por lo que todo el mundo cree que es incluir: nombrar en femenino y masculino. Si sumas que había terminado de leer y estaba improvisando, la falta de pertrechos para el viaje resultó evidente.

¿Cómo podría haberse hecho sin meterse en ese berenjenal?

Me permito recordarles que hoy es 8 de marzo, Día Internacional de las Mujeres. Celebramos este día tan importante para nosotras, importante para lo que significa la igualdad, la lucha por la igualdad que sostenemos conjuntamente. Así que espero que ustedes pasen buen día en el avance de los derechos de igualdad.

Estrategias utilizadas:

- Eliminación de *juntas y juntos*. Celebramos (ya implica un *nosotros*). También podría haberse dicho aquí conjuntamente, sin embargo, al usarse después creo que queda perfectamente clara la intención sin necesidad de repetirlo.
- Eliminación de *ustedes, vosotros y vosotras; ustedes, ellos y ellas*.
- Observación: muy bien por el uso de *Día internacional de las Mujeres*, evitando el singular alegorizante *la mujer*.

**Caso 2. Congreso español, Madrid, 3 de diciembre de 2019**

Se acaba de celebrar la votación para elegir quién ejercerá la presidencia de esa Cámara. El diputado encargado la anuncia así:

Señorías, el resultado de la votación ha sido el siguiente: 175 (papeletas) a favor de Dª Meritxell Batet Lamaña. 125 a favor de Dª Ana María Pastor Julián. 35 votos en blanco. 15 votos nulos.

Al haber obtenido la mayoría de los votos de los miembros de la Cámara queda, en consecuencia, proclamada presidente del Congreso de Diputados Dª Meritxell Batet Lamaña.

¿Cuál sería mi opción inclusiva?

Señorías, el resultado de la votación ha sido el siguiente: 175 (papeletas) a favor de Dª Meritxell Batet Lamaña. 125 a favor de Dª Ana María Pastor Julián. 35 votos en blanco. 15 votos nulos. Al haber obtenido la mayoría de los votos de la Cámara queda, en consecuencia, proclamada presidenta del Congreso de Diputados Dª Meritxell Batet Lamaña.

Estrategias utilizadas:

- Eliminación de *los miembros*. La Cámara refleja exactamente el mismo concepto y no es una fórmula oficial exacta que haya que respetar.
- Cambio de *presidente* por *presidenta*, femenino existente en español y recomendado por la Academia.
- El *Congreso de los diputados* es *el Congreso*. De hecho, en España existe otra Cámara Parlamentaria, el Senado, que no es el Senado de los Senadores. El cambio ya ha sido propuesto oficialmente.

**Caso 3. Mensaje de Facebook de la ministra de Igualdad, Irene Montero, 29 de abril de 2021**

Somos el nuevo futuro naciendo a la vida. Gracias Ismael Serrano por tan bella canción y a todas y todos quienes la interpretáis.

Este uno de esos ejemplos en los que el lenguaje podría haber sido no sexista de una forma mucho más efectiva, incluso sin modificar la estructura de la frase:

Gracias Ismael Serrano por tan bella canción y a quienes la interpretáis.

Estrategia utilizada:

- Eliminación del "desdoblamiento" por innecesario.

O, quizás, haciéndola más comprensible:

Gracias, Ismael Serrano, por tan bella canción. Y también a quienes la interpretáis.

Estrategia utilizada:

- Eliminación del "desdoblamiento".
- Hacer dos frases, manteniendo el *quienes* en la segunda.

Gracias, Ismael Serrano e intérpretes, por tan bella canción.

Estrategias utilizadas:

- Nueva redacción sin desdoblamiento ni impersonal.
- No usar el determinante para intérpretes, aprovechando que es una palabra común en cuanto al género.

El que estas malas prácticas se repitan en el tiempo y no apunten visos de mejora, me hacen preguntarme si el uso proviene de la toma de conciencia o, simplemente, del interés político, la falta de herramientas, el empecinamiento o de la desidia.

MENSAJES INSTITUCIONALES

Empiezo por casa, Andalucía.

**Caso 1. Mensaje de la Consejería de Salud de la Junta de Andalucía en Twitter, 5 de junio de 2020**

Miriam es una ilustradora aficionada que empezó dibujando a su hermana médico, Sara, y que ha terminado retratando a otros profesionales sanitarios, que en ocasiones le han realizado encargos.

Mi propuesta:

Miriam es una ilustradora aficionada que empezó dibujando a su hermana médica, Sara, y que ha terminado retratando a profesionales del ramo, que en ocasiones le han realizado encargos.

Estrategias utilizadas:

- Cambio de médico por médica para atender a la concordancia obligatoria en género femenino. El uso de médico deja ver que nombrarlo en masculino da más prestigio a la profesional.
- Cambio de *otros profesionales sanitarios* por *profesionales del ramo*, que expresa la misma idea y permite abrir nuestro marco conceptual.

**Caso 2. Mensaje del Ministerio de Cultura del Gobierno de España en Twitter, 30 de agosto de 2021**

Castrillo de los Polvazares (León) acoge hoy y mañana el XVI Encuentro europeo de traductores y escritores. Organizado por el Ministerio de Cultura y Deporte a través de la DG @librolecturagob, es un referente continental en la consideración del traductor literario como creador.

Antes de ofrecer mi versión recuerden por favor el mandato legal de las instituciones públicas españolas de usar lenguaje no sexista. Una institución pública lo es, incluso, en espacios tan informales como las redes sociales, y no escapan las redes a las obligaciones de la ley.

Castrillo de los Polvazares (León) acoge hoy y mañana el XVI Encuentro europeo de traducción y escritura. Organizado por el Ministerio de Cultura y Deporte a través de la DG @librolecturagob, es referente continental en la consideración de la traducción como creación.

Estrategias utilizadas:

- Cambio de "traductores, escritores" y "el traductor literario como creador" por "traducción, escritura" y la traducción como creación". El significado general es el mismo, los caracteres son limitados, lo que no permite más explicaciones y el marco conceptual, a pesar de estar despersonalizado, al menos no es absolutamente androcéntrico.

### Caso 3. Mensaje en redes de la Asociación Unificada de la Guardia Civil, febrero de 2021

(Sobre los cuerpos y fuerzas de seguridad en redes sociales hay para otro libro, a este paso voy a tener una biblioteca de libros no escritos antes de acabar este).

La AUGC publicaba en sus redes, haciéndose eco de una noticia del diario español *ABC*:

El CGPJ[84] nombra por primera vez a una mujer como presidenta de un tribunal militar.

Propuesta:

María Inmaculada Benavente Cózar, primera presidenta de un tribunal militar en España.

Estrategias utilizadas:

- Personalización mediante el nombre completo.
- Eliminación de *una mujer como presidenta*; su nombre lo hace innecesario. *Mujer + como + presidenta* nos lleva a pensar en que daba igual quién fuese, se le elige por mujer no para ser presidenta, sino para hacer de tal. El matiz es pequeño pero importante.
- Eliminación del CGPJ: la noticia es ella, no el órgano que nombra. Esto permite, además de poner el foco sobre la mujer que consigue el logro, darle agencia en lugar de que quien hace algo sea el tribunal.

---

84. Siglas del Consejo General del Poder Judicial, órgano de gobierno del Poder Judicial en España, sus funciones son administrativas y no jurisdiccionales.

## MENSAJES DE MARCAS

Cuando tienes redes sociales para atender al público estas se convierten en la imagen de la compañía. Tanto el sexismo expreso como los intentos de inclusión se han convertido en reclamos para determinados nichos de mercado. Otras veces no hay indicaciones claras y el sexismo, inadvertido o no, campa a sus anchas.

**Caso 1. Mensaje en Twitter de un gran hipermercado de implantación internacional, 3 de diciembre de 2021**[85]

Muchas gracias por escribirnos. Nuestra prioridad es garantizar precios exactos en todos los productos. ¿Nos podrías indicar la tienda dónde lo has visto? #JuntosParaAyudarte.

Quizás te estés preguntando ¿qué tiene de malo esa respuesta? La etiqueta que marca todas las respuestas de atención al cliente, es decir, lo que más se va a leer, lo que se va a buscar para rastrearlas.

Muchas gracias por escribirnos. Nuestra prioridad es garantizar precios exactos en todos los productos. ¿Nos podrías indicar la tienda dónde lo has visto? #EstamosParaAyudarte.

Estrategia utilizada:

- Sustitución del *juntos* de #*Juntosparaayudarte* (18 caracteres) por: #*EstamosParaAyudarte* (19 caracteres). También podría haber sido #*AquíParaAyudarte* (16), #*AquíTeAyudamos* (14) o, simplemente, #*Teayudamos* (10).

---

85. https://twitter.com/CRFresponde/estatus/1467047025900466179?

# EN LAS CAMPAÑAS PUBLICITARIAS

## DE ORGANISMOS PÚBLICOS

### Caso 1. Campaña de Naciones Unidas[86] en español, mayo de 2021

Mayo es el Mes de la Salud Mental.
La pandemia de #COVID19 está generando estrés en todos los sectores de nuestra sociedad. Durante estos tiempos difíciles, es totalmente normal sentirse con ansiedad, aislado o agobiado por el trabajo, las responsabilidades familiares o la vida en general.
Aunque estamos separados físicamente, es importante recordar que ninguno de nosotros está solo. Estamos en esto juntas/os y lo superaremos juntas/os.

¿Podría haberse de otro modo? Veamos:

Mayo es el Mes de la Salud Mental.
La pandemia de #COVID19 está generando estrés en toda la sociedad. Durante estos tiempos difíciles, es totalmente normal sentir ansiedad, aislamiento o agobio por el trabajo, las responsabilidades familiares o la vida en general.
A pesar de la separación física, es importante recordar que no nos han abandonado ni a ti ni a mí. Unámonos en esto y superémoslo en común.

Estrategias:

- Cambiar *en todos los sectores de nuestra sociedad* por *en la sociedad*, lo que nos permite tener un referente en género gramatical femenino y reduce la frase en prevención de tener que usar algún giro posterior.
- Sustitución del reflexivo y el masculino genérico en *sentirse con ansiedad, aislado o agobiado por el trabajo* por *sentir ansiedad, aislamiento o agobio por el trabajo*.
- *Aunque estamos separados físicamente* pasa a *A pesar de la separación física*.

---

86. https://www.instagram.com/p/COdyDD4NsEi/

- Y es importante recordar que ninguno de nosotros está solo. Estamos en esto juntas/os y lo superaremos juntas/os se revisa para quedar así: es importante recordar que no nos han abandonado ni a ti ni a mí. Unámonos en esto y superémoslo en común.
- Observación: es importante no empeñarnos solo en cambiar una palabra por otra. Piensa qué quieres decir (o qué se quería decir) y cuéntatelo con otras palabras. Verás qué diferencia.

También podría ser:

Mayo es el Mes de la Salud Mental.
La pandemia de #COVID19 está generando estrés en todos los sectores de nuestra sociedad. Durante estos tiempos difíciles, es totalmente normal sentir ansiedad, aislamiento o agobio por el trabajo, las responsabilidades familiares o la vida en general.
La separación es solo física. Estamos en un mismo barco y lo vamos a superar con unión, a la vez. Sin dejar a nadie fuera.

**Caso 2. Campaña del Ministerio de Consumo del Gobierno de España**[87]**, 23 de octubre de 2021**

Mensaje de una campaña contra el consumo excesivo de azúcar:

¿Sabías que, en España, cada niño y niña consume de media aproximadamente su propio peso en azúcar al año?
1 de cada 3 niños y niñas en España tiene sobrepeso u obesidad.
Evitemos que nuestros hijos e hijas se conviertan en #HijosDelAzúcar.
[42 palabras, 237 caracteres con espacios].

Propuesta:

¿Sabías que, en España, cada niña o niño consume de media aproximadamente su propio peso en azúcar al año?
1 de cada 3 tiene sobrepeso u obesidad.

---

87. https://twitter.com/consumogob/estatus/1451845350684192774

Evitemos que se conviertan en la #GeneraciónDelAzúcar.
[34 palabras, 199 caracteres con espacios].

Estrategias:

- Cambiar *niño y niña* por *niña o niño*, para evitar la anteposición sistemática del masculino del tuit original.
- Elidir *niños y niñas en España*; el referente es muy cercano y se sabe a quién se está refiriendo la cifra y al lugar, acotado ya en la primera línea.
- Eliminación de la reiteración *que nuestros hijos e hijas* por redundante, sigue refiriéndose a un mismo antecedente. También podría decirse *estas criaturas o nuestras criaturas*.
- Cambio de la etiqueta. La etiqueta original (19 caracteres) podría haber sido también *#frutosdelazúcar* (15), o *#criaturasdeazúcar*. La opción *Generación del azúcar* (16) se le ocurría a Iria Otero, una seguidora de mi perfil en redes. Sobre todo, teniendo en cuenta que por mucho "desdoblamiento" que se hiciera en redes, el nombre de la campaña era "Hijos del azúcar" y con ese masculino genérico trascendió a medios.

Observaciones:

- En el caso de que quiera respetarse la composición original que repite lugar y población a la que se dirige, no anteponer sistemáticamente el masculino.
- En redes sugerí el uso de *menores*, que produjo un intenso debate. El término *menores* puede ser, en algunos casos, discriminatorio (por usarse en sentido de peor calidad, o categoría), pero en el caso de la población infantil y de un estudio que habla de población menor de edad (en España de hasta 18 años) quizás era el más adecuado, pues *niñas y niños* rara vez nos remite a la idea de una persona en la adolescencia.
- Creo que el enfoque de usar la obesidad o el sobrepeso para asustar a las familias es muy equivocado por dos motivos: uno, que ni la obesidad ni el sobrepeso son siempre consecuencia del consumo excesivo de azúcar (e identificarlo así

es muy discriminatorio para las personas con cuerpos grandes o pesos no normativos; dos, hay personas delgadas y muy delgadas que tienen un consumo excesivo de azúcares y no verse interpeladas por la campaña las excluye de la identificación que necesitan para atender a ella.

Subtítulos del *gif* que ilustra y resume la campaña citada:

En España, 1 de cada 3 niños/as tiene sobrepeso u obesidad. #Hijosdelazúcar.

Propuesta:

En la población infantil y adolescente española, 1 de 3 tienen sobrepeso u obesidad. #Generacióndelazúcar

### Caso 3. Campaña de Navidad 'Por un juguete no sexista' del mismo órgano[88], diciembre de 2021

De nuevo el Ministerio de Consumo del Gobierno de España (no les tengo manía, es que meten mucho la pata, pero cada vez un poco menos y es bueno ver la evolución). El vídeo de la campaña reproduce una huelga de juguetes. Estos son los subtítulos (nota: las erratas son de los subtítulos oficiales):

—Juguetes del mundo. Llevamos años soportando que nos encasillen que nos digan que fuimos creados para jugar solo con niños o solo para jugar con niñas. Que me digan que yo solo puedo jugar con Lola y no con Guille. Por que (sic) los juguetes aunque seamos de plástico... o de peluche, también tenemos nuestro corazoncito. Y ha llegado el momento de decir basta, de reivindicar nuestro derecho a jugar con el 100% de los niños y niñas, no con el 50%. Por eso, hemos convocado una huelga.
—Sí, una huelga de juguetes del 12 de diciembre de 2021 para eliminar el sexismo y acabar con los roles de género. Un parón histórico que invite a reflexionar al mundo. Una huelga que firmamos todos los juguetes y a la que

---

88. Ministerio de Consumo: *#HuelgaDeJuguetes, porque jugar no tiene género*, YouTube, 9 de diciembre de 2021.

invitamos a unirse a educadores, madres, padres, niños y niñas de todo el mundo. ¿Cómo? Dejando de jugar con nosotros durante ese día. Porque un juguete que solo puede jugar con el 50%, no es un juguete feliz. ¿Estáis con nosotros? ¡Sí! ¿Qué somos? ¡Juguetes! ¿Y qué queremos? ¡Igualdad!

Cierto es que no se trata de las peores campañas. La tomo como ejemplo, precisamente, porque se puede detectar el intento de inclusión y de hacer coherente el mensaje de igualdad con las palabras con las que se transmite. ¿Qué podría haberse mejorado?

—Juguetes del mundo. Llevamos años soportando que nos encasillen que nos digan que fuimos creados para jugar solo con niñas o solo para jugar con niños. Que me digan que yo puedo jugar con Lola y no con Guille. Porque los juguetes aunque seamos de plástico... o de peluche, también tenemos nuestro corazoncito. Y ha llegado el momento de decir basta, de reivindicar nuestro derecho a jugar con quien queramos, sean niños, sean niñas, tengan la edad que tengan. Por eso, hemos convocado una huelga—.

—Sí, una huelga de juguetes del 12 de diciembre de 2021 para eliminar el sexismo y acabar con los roles de género. Un parón histórico que invite a reflexionar al mundo. Una huelga que firmamos todos los juguetes y a la que invitamos a unirse a profes, familias, madres, padres, niñas o niños de todo el mundo. ¿Cómo? Dejando de jugar con nosotros durante ese día. Porque un juguete es feliz jugando, da igual con quién. ¿Estáis con nosotros? ¡Sí! ¿Qué somos? ¡Juguetes! ¿Y qué queremos? ¡Igualdad!

Estrategias utilizadas:

- Modificación del orden en el *niños/niñas* del primer párrafo, para pasar a alternar. Eliminación del tercer "solo".
- Cambio de *reivindicar nuestro derecho a jugar con el 100% de los niños y niñas, no con el 50%* por *reivindicar nuestro derecho a jugar con quien queramos, sean niñas, sean niños, tengan la edad que tengan.*
- La enumeración de *invitamos a unirse a educadores, madres, padres, niños, niñas de todo el mundo* queda así: *invitamos a unirse a profes, familias, madres, padres, niñas o niños de todo el mundo.*

- Cambio de la frase *Porque un juguete que solo puede jugar con el 50%, no es un juguete feliz* por *Porque un juguete es feliz jugando, da igual con quién* para personalizar y poner el foco en quienes juegan y no en el porcentaje; además evita esa negación al final del texto: forma de ser feliz frente a no ser feliz.

Observaciones:

- *Los juguetes* es masculino y, aunque estén representando actitudes humanas no son personas, no es necesario flexionar en género (ni juguetes ni ninguna palabra que haya de concordar en masculino por ese motivo) y hacerlo reforzaría esa idea de que pedimos que se diga "la zapatilla y el zapatillo", aunque después nadie se queje cuando a un tenedor le ponen voz masculina y a una tetera femenina.
- Buena parte de los correctores automáticos de texto ya detectan los desdoblamientos unidos por "y" (por ejemplo, niños y niñas o niñas y niños) y lo marca con un aviso de gramática en el que se lee: "Concisión: revise la expresión, es redundante. Cambiar por 'niños'". Cuando eliminamos la conjunción y decimos "niñas, niños" no los descubren. Del mismo modo, nuestros cerebros —entrenados por multitud de amonestaciones— ya detectan con rapidez esa "y" y se predisponen en su contra, y en la nuestra. En mi experiencia, eliminarla al hablar y escribir produce en las personas casi el mismo efecto: si hacemos una pausa, o ponemos una coma, no se detecta la presunta redundancia.

## DE EMPRESAS

En publicidad es prácticamente imposible encontrar buenas prácticas de lenguaje no sexista, y al querer saltar al lenguaje inclusivo sin tomar conciencia previa se dan el batacazo en el salto directo al segundo escalón. Una sola muestra de las muchas del estilo: *¿Eres propietaria de una vagina?*[89], interpelaba en Instagram, a toda

---

89. https://www.instagram.com/p/CTzOqVVqvvJ/

página, desde una imagen una marca internacional de productos orgánicos. Y seguía en el texto: *¡Atención! A todas las dueñas y propietarias de una vagina...* La cosa seguía, pero yo no llegué a saber qué vendían porque estaba preocupada. ¿Qué necesito para demostrar la titularidad? ¿*Ticket* de compra? ¿Inscripción registral? ¿El registro nacional de vaginas dónde está? ¿Será internacional? ¿Podemos alquilarla, subarrendarla, transmitirla a título gratuito u oneroso? Si especifica una, ¿podremos tener varias? ¿Por qué yo solo tengo una? ¿Necesitaré una alarma por si me la okupan? ¿Acumularlas por si viene la pandemia? ¿Se almacenan con el papel higiénico?

Una se lo toma a chufla para evitar que le explote la cabeza. ¿Alguien ha pensado que decir *propietaria* no es ninguna tontería? ¿Que la propiedad es objeto de usos mercantiles, que se transmite, que se cede, que la titularidad de las propiedades puede ser pública, privada? Tratarnos como a cosas se le da fenomenal al sistema. Aunque lo quieran vender como moderno e inclusivo es tan antiguo y discriminatorio como la esclavitud, esa otra forma de que los cuerpos (al completo, por partes, ¿qué más da?) fueran objeto de comercio.

Podrían haber dicho "¿tienes vagina?", pero, claro, no vayamos a haberla robado o algo. Ante todo la legalidad.

## EN EL PERIODISMO

Si algo nos puede entrenar de forma intensiva en el uso de los lenguajes no sexista e inclusivo es la revisión de la prensa escrita. No importa que sea de un sesgo ideológico u otro, si es en papel o en línea, la sección en la que nos encontremos, el tipo de noticia.

Los ejemplos podrían ser millones en titulares, entradillas, artículos, reportajes, columnas, anuncios por palabras, publicidad. El sexismo lingüístico (y la ausencia de enfoque de género) son flagrantes (que no fragantes, porque apestan). Elegir ha sido difícil, pero he aquí un ramillete de muestras, en orden cronológico.

Ejemplo 1. Titular del diario español *El País*, 30 de julio de 2020

Delgado prima a fiscales mujeres para paliar "infrarrepresentación"[90].

Mi opción:

Delgado prima a fiscalas para paliar su "infrarrepresentación".

Estrategias:

- Feminización. Adecuada a la norma, visibilizadora, no sexista.

Ejemplo 2. Titular del periódico español *elDiario.es* (digital), 6 de septiembre de 2021

"Renfe despidió a todas las mujeres trabajadoras del AVE a La Meca durante la pandemia[91]". La entradilla continuaba: "La operadora española prescindió del 81% de su plantilla femenina, frente al 25% de despidos que hizo entre la masculina".
La observadora del lenguaje piensa: "¿*Trabajadoras* no es femenino, a qué viene el *mujeres*?". Mi malafollá granaína piensa: "¿Dejaron a las vagas en plantilla". Tan sexista es no decir *mujeres* cuando se puede (ocultamiento), como decirlo cuando es innecesario (aposición redundante). ¿A que si fueran hombres sería raro que dijeran *hombres trabajadores* a pesar de que ahí sí cabe duda? Eso es asimetría de trato.
¿Cómo podría haberse dicho?

Renfe despidió a todas las trabajadoras del AVE a La Meca durante la pandemia.

La entradilla continuaba:

---

90. Reyes Rincón: "Delgado prima a fiscales mujeres para paliar 'infrarrepresentación'", *El País*, 30 de julio de 2020.
91. Analía Plaza: "Renfe despidió a casi todas las mujeres trabajadoras del AVE a La Meca durante la pandemia", *elDiario.es*, 5 de septiembre de 2021.

La operadora española prescindió del 81% de las mujeres de su plantilla, frente a solo el 25% de despidos que hizo entre los hombres.

Estrategias:

- Eliminación de la aposición redundante.
- Cambio de "de su plantilla femenina" y "masculina" por "de las mujeres de su plantilla" y "los hombres".
- Añadir "solo" a los datos de despido masculino para resaltar la escandalosa diferencia.

### Ejemplo 3. Titular del diario mexicano *Milenio* (papel y digital), 10 de diciembre de 2021[92]

No hay sociedad civil si las mujeres no gozan de las mismas libertades que los hombres: CEDH Tlaxcala. [18 palabras y 101 caracteres].

¿Y qué tiene de malo este titular? Que cuando avanzamos en la lectura, el artículo dice: "Jackqueline Ordóñez Brasdefer precisó que ninguna sociedad puede hablar de civilidad hasta que mujeres y hombres cuenten con las mismas libertades".

¿Se aprecia la diferencia? La experta dijo "que mujeres y hombres cuenten con las mismas libertades". El titular no equipara a mujeres y hombres, sino que pone al hombre (y no al ser humano) como medida de los derechos: "No gozan de las mismas libertades que los hombres".

Por este motivo no podemos centrarnos solo en las palabras (aunque sean muy importantes) para evitar el sexismo y otras discriminaciones en el discurso. Todos los discursos tienen un secreto en cómo dicen lo que dicen. Cada vez que hablamos elegimos qué palabras aplicar, qué puntuación poner. ¿Pudo haberse dicho de otra forma? Sí. ¿Cuál habría sido la diferencia? No subordinar a las mujeres mostrándolas como seres merecedores de derechos por sí mismas.
Mi propuesta:

---

92. Adolfo Tenahua: "No hay sociedad civil si las mujeres no gozan de las mismas libertades que los hombres: CEDH Tlaxcala", *Milenio*, 10 de diciembre de 2021.

No hay sociedad civil si mujeres y hombres no cuentan con las mismas libertades: CEDH Tlaxcala. [16 palabras y 94 caracteres].

Estrategia: Respetar, y no "corregir", las palabras de la experta en el titular.

### Ejemplo 4. Bloque de titulares (México y España) de varios medios de comunicación, noviembre-diciembre de 2020

Los siguientes titulares no nombran a sus protagonistas o las nombran sin identificarlas, o lo hacen en función de errores o características que no tienen que ver con sus éxitos.

Susana, la ingeniera que no había salido de Badajoz y ahora hace posible comunicarse con el universo oscuro[93].

La inmigrante desprestigiada que ha hecho posible las vacunas contra la covid-19[94].

La científica inmigrante cuyo trabajo originalmente rechazado abrió el camino para la vacuna contra el covid-19[95].

Susana Infante era el nombre de la ingeniera. Katalín Karikó, la bioquímica húngara especialista en ARN mensajero.

Propuestas:

La ingeniera Susana Infante hace posible comunicarse con el universo oscuro.

Katalín Karikó, la bioquímica que ha hecho posibles las vacunas contra el covid-19.

Katalín Karikó, la perseverante científica que abrió el camino para la vacuna contra el covid-19.

---

93. Carmen Serna: "Susana, la ingeniera que no había salido de Badajoz y ahora hace posible comunicarse con el universo oscuro", *El Español*, 11 de noviembre de 2020.
94. Aitziber Azpeitia: "La inmigrante desprestigiada que ha hecho posible las vacunas contra la covid-19", *La Vanguardia*, 28 de diciembre de 2020.
95. David C. Adams: "La científica inmigrante cuyo trabajo originalmente rechazado abrió el camino para la vacuna contra el covid-19", Univisión, 20 de diciembre de 2020.

## Ejemplo 5. Canal Extremadura anuncia una noticia de la televisión local en redes sociales[96], 29 de septiembre de 2021

25 años, metro y medio de estatura y 40 kilos. Piloto de segunda en tiempo récord. Tercer expediente de su promoción. En sus manos portacontenedores, petroleros, ferris... ¿Hay algo que no pueda conseguir esta cacereña?

Otro ejemplo de mujer sin nombre, y narrada como si un anuncio de mercado vacuno se tratara. Su edad, medida y peso. Hubo quien defendió la forma de contar la noticia apelando a la pequeñez de la joven frente al tamaño de las naves. ¿Acaso las tiene que llevar en brazos? ¿Por qué habría de ser importante entonces?

Propuesta:

Silvia Muriel Franco, a las puertas de la capitanía mercante: tercer expediente de su promoción y piloto de segunda con solo 25 años. En sus manos portacontenedores, petroleros, ferris... ¿Hay algo que no pueda conseguir esta cacereña?

Estrategias:

- Realzar los logros profesionales.
- Se mantiene la edad porque es un mérito alcanzar ese nivel profesional en tan poco tiempo.

No solo sucede con las mujeres, en televisión, sobre todo en las retransmisiones en directo, la discriminación se nos escapa cuando no tenemos entrenamiento suficiente para detectarla. Valga este ejemplo tan ilustrativo tomado de la "Guía de Comunicación inclusiva" elaborada para UNWRA España por el especialista en corrección inclusiva, Carlos de la Fe:

Presentadora de Caracol Televisión en Colombia el 10 de mayo de 2021. La reportera entró en vivo desde Cali, donde se estaban produciendo los terribles enfrentamientos entre el gobierno

---

96. https://www.facebook.com/CanalExtremadura/posts/10159138253510172/

colombiano y el pueblo en las calles. En el rótulo de la televisión (y en palabras de la presentadora) se leía: Ciudadanos e indígenas se enfrentaron. ¿Cómo la haríamos inclusiva? ¿Ciudadanas y ciudadanos e indígenas se enfrentaron? ¿Ciudadanía e indígenas se enfrentaron? ¿Qué se nos escapa aquí?

Estercilia Simanca Pushaina, abogada y escritora del Pueblo Wayuu solicitó oficialmente la rectificación y nos da una de las claves: "Los indígenas SON ciudadanos", dijo.

Entiendo que esta rectificación solicitada se hace en el contexto de ese titular y se usa el mismo lenguaje que en él. A pesar de ello, ¿quién piensa en mujeres indígenas en esas frases? ¿Cómo podría haberse expresado?

Mujeres y hombres indígenas somos ciudadanía.
Ser indígenas no nos excluye de la ciudadanía.
Somos indígenas y a la vez ciudadanas y ciudadanos.

Reitero algo de suma importancia: el no sexismo y la inclusión son valores distintos que, a veces, necesitan de herramientas diferenciadas para evitarlos, aunque siempre necesitan una toma de conciencia previa para su detección.

## EN LA PRÁCTICA JURÍDICA

En cualquier país democrático que tenga una Constitución, esta se convierte en el parámetro de la legalidad. Es la que recoge los principios que dan forma a todo el ordenamiento jurídico, la que mide qué será considerado dentro y fuera de la ley esté o no escrito en ella.

Vivo en España, tengo formación jurídica y conozco mi Constitución mejor que ninguna otra. También, por motivos laborales, he trabajado con las constituciones mexicana, colombiana y venezolana. Solo aplico mi análisis al sexismo existente (o no) en la forma en que están escritas; a ningún otro contenido.

En el caso de la Constitución Española (C. E.), el masculino genérico es predominante y no se hace intento alguno de no sexismo en sus enunciados. Se hizo en 1978 y solo ha tenido dos modificaciones. Se redactó en el contexto de salida de una dictadura fascista de 40 años. Demasiado bien salió, podríamos pensar. Sin embargo, la producción normativa diaria es ingente y los intentos de inclusión escasos, o desafortunados. Otras veces son difíciles y nos faltan alternativas, lo que nos deja con resultados no muy satisfactorios. Seguiremos practicando.

Empecemos con un vistazo veloz a algunos números relativos a la C. E.:

*Ciudadanas*, 1 vez (manifestaciones ciudadanas). *Ciudadanía*, 0 veces. *Ciudadanos*, 19 veces. *Congreso de los Diputados*, 18 veces. *Españolas*, 1 vez (*lenguas españolas*). *Españoles*, 24 veces. *Extranjero/s*, 4 veces. *Extranjera/s*, 0 veces. *Hijos*, 3 veces (todas en relación a sus *"padres"*). *Hombre*, 1 vez (*el hombre y la mujer*). *Madre/s*, 4 veces (tres de ellas para referirse a la madre del rey). *Mujer*, 2 veces (*el hombre y la mujer/el varón y la mujer*). *Padre/s*, 6 veces (tres para referirse al padre del rey). *Persona/s*, 21 veces. *Presidente/s*, 37 veces. *Princesa*, 0 veces. *Príncipe*, 5 veces. *Pueblo*, 12 veces. *Reina*, 2 veces. *Rey*, 42. *Senado*, 20 veces. *Senadora/s*, 0 veces. *Senadores*, 16. *Todos los españoles*, 12 veces. *Varón*, 1 vez (*el varón y la mujer*).

Además, antepone sistemáticamente el masculino cuando aparecen mujeres y hombres. Quiero llamar la atención sobre el hecho de que al decir *"el padre del rey"* se piensa exclusivamente en un varón, aunque bien podría ser una madre reina. La vaguedad jurídica fruto del masculino en su uso indistinto como genérico y específico y el marco androcéntrico pueden suponer imprecisión jurídica.

Ya hablamos del artículo 24 en relación con el salto semántico (ese *personas* que pasaba a convertirse en todos, en lugar de concordar en femenino). En él dimos algunas pistas: muchas veces nombrar al órgano será menos sexista que nombrar a la persona que lo desempeña.

Vemos en este recuento rápido que la palabra *reina* aparece dos veces en la Constitución, son tantas como *mujer*, lo cual teniendo en cuenta la cantidad de reinas y la cantidad de mujeres parece un poco desproporcionado. Tampoco aparece como titular de la Corona, sino como mujer del rey. Lo hace en su Artículo 58, que dice:

La Reina consorte o el consorte de la Reina no podrán asumir funciones constitucionales, salvo lo dispuesto para la Regencia.

Se atribuye el título de reina a la reina consorte, pero no el de rey al marido de la reina titular. Si se acometiera una reforma de la Constitución, sería recomendable redactar de otra forma el Artículo 58. Por ejemplo:

La reina o el rey consortes no podrán asumir funciones constitucionales, salvo lo dispuesto para la Regencia.

Es en este apartado de la realeza en el único en el que la RAE, en su lento y desafortunado informe sobre la Constitución Española transige en "desdoblar" Rey y Reina (y utilizando fórmulas alternativas como la Corona, la Jefatura del Estado) para evitar excesivas reiteraciones sería pertinente, mucho más considerando que el próximo Jefe del Estado tendrá previsiblemente sexo femenino".

Añade, además, la RAE que "el sustantivo princesa no aparece en la Carta Magna. Sí se menciona al Príncipe (artículo 57.2, 59.2 y 61.2). Es recomendable sustituir estas tres menciones por fórmulas coordinadas como el Príncipe o la Princesa de Asturias".

Qué suerte tienen en las altas esferas, ahí sí merecen ser nombradas.

Por supuesto, en el hecho de que se prefiera al varón sobre la mujer a la hora de obtener la Corona poco hay que decir, salvo que tendríamos una reina en España si nuestra Constitución no fuese sexista. Soy republicana, pero había que decirlo.

La dificultad de los cambios en la C.E. no es lingüística, sino que proviene del propio blindaje constitucional que impide cambiar determinados artículos de la misma para modificar sus expresiones sexistas, incluso si no afecta al contenido de lo expresado. Algunas muestras de cambios posibles (las cursivas son mías):

Artículo 28.
- Ahora: 1. *Todos tienen* derecho a sindicarse libremente...
- Propuesta: 1. *Existe el derecho* a sindicarse libremente...

- Estrategia: Cambio de *todos tienen* por *existe*. Además, esta opción es mucho coherente con lo que sigue, pues al *todos tienen* actual siguen una serie de excepciones. Suena a trampa para despistar.

Artículo 30.4.
- Ahora: Mediante ley podrán regularse los deberes *de los ciudadanos* en los casos de grave riesgo, catástrofe o calamidad pública.
- Propuesta: Mediante ley podrán regularse *los deberes ciudadanos* en los casos de grave riesgo, catástrofe o calamidad pública.
- Estrategia: Cambio de *deberes de los ciudadanos* por *deberes ciudadanos*.

Artículo 63.1.
- Ahora: *El Rey* acredita a los embajadores y otros representantes diplomáticos. *Los representantes extranjeros* en España están acreditados *ante él*.
- Propuesta: *La reina, o el rey*, acredita a titulares de embajadas y otras representaciones diplomáticas. *Y quienes representen al extranjero* en España se acreditarán *ante ella o, en su caso, él*.
- Estrategias:
  - Uso del femenino y el masculino.
  - Sustitución de *embajadores y otros representantes diplomáticos* por *titulares de embajadas y otras representaciones diplomáticas*.
  - Concordancia acorde a los nuevos sujetos de la frase.

Artículo 126.
- Ahora: La policía judicial depende de *los Jueces*, de los Tribunales y del Ministerio Fiscal en sus funciones de averiguación del delito y descubrimiento y aseguramiento *del delincuente*, en los términos que la ley establezca.
- Propuesta: La policía judicial depende de *Juzgados*, Tribunales y Ministerio Fiscal en sus funciones de averiguación

del delito y descubrimiento y aseguramiento de *quien delinca*, en los términos que la ley establezca.
- Estrategias:
  - Hacer simétrica la enumeración refiriendo en los tres casos al órgano. Para ello se cambió *jueces* por *juzgados*.
  - Cambio de *los delincuentes* por *quienes delincan*.

Como vemos, no es necesario llenar la C.E., ni ninguna otra, de flexiones en género femenino y masculino para hacerla mucho menos sexista.

La terminología jurídica y la legislación tienen un lenguaje tan arcaizante que el uso de impersonales o gerundios no resulta inapropiado ni causa extrañeza. Además, los reflexivos e imperativos que resultarían desproporcionados en otros textos pasan en la terminología legal con toda naturalidad.

Por ejemplo, en el Código Penal (español):

Artículo 178.
- Ahora: *El que atentare* contra la libertad sexual de otra persona, utilizando violencia o intimidación, *será castigado* como responsable de agresión sexual con la pena de prisión de uno a cinco años.
- Propuesta: *Quien atentare* contra la libertad sexual de otra persona, utilizando violencia o intimidación, *recibirá castigo* como responsable de agresión sexual con la pena de prisión de uno a cinco años.
- Estrategias:
  - Cambio de *el que* por el impersonal *quien*.
  - Cambio de *será castigado* por *recibirá castigo*.
- Observación: los machirulos que se quejan constantemente de que las mujeres también delinquimos, sorprendentemente, suelen mostrarse en desacuerdo —ya parece vicio— con estos cambios.

En el Código Civil español, que es de 1889, habría que echar mano de todo nuestro repertorio porque los masculinos son omnipresentes y, además regula las relaciones personales, familiares, la filiación, el divorcio la herencia, personas, personas y más personas cuya mitad queda oculta tras miles de masculinos genéricos.

Lo peor es que buena parte de las veces en las que aparecíamos (como madres, esposas, novias casi siempre) desaparecieron con la llegada del matrimonio igualitario en 2005. Siempre corremos el peligro de ser borradas en pos de un "beneficio mayor".

Hasta 2005:

De los derechos y deberes de los cónyuges.
Artículo 66. El marido y la mujer son iguales en derechos y deberes.

A partir de 2005:

De los derechos y deberes de los cónyuges.
Artículo 66. Los cónyuges son iguales en derechos y deberes.

¿Tanto habría costado darle una vueltecita y poner, no sé, algo como esto?

De los derechos y deberes de los cónyuges.
Artículo 66.
Maridos y esposas son iguales en derechos y deberes.
En el matrimonio, las partes son iguales en derechos y deberes.
Dentro del matrimonio los derechos y deberes serán iguales entre esposas y esposos.

Así dejamos de identificar *mujeres* con *esposas*.
Usamos el plural para visibilizar que pueden, mujeres y hombres, unirse entre sí.
Hay más posibilidades, dejo solo algunas.
Cambiar la idea de sociedad que subyace a nuestra forma de hablar y escribir es muy difícil. No es una labor que se culmine en una o dos generaciones. Tendrán que pasar décadas para cambiar los usos actuales. Y surgirán otros y habrá que seguir trabajando sobre ellos. Lo principal es que pensar sobre cómo nombramos, sobre las palabras que elegimos, sobre cuáles no usamos y por qué lo hacemos abre el foco a otros puntos de vista que nos permiten

reflexionar sobre el mundo que queremos. Pensar en otras formas de contar el mundo nos hace verlo con muchos menos filtros. Las palabras que sirven para esconder también son válidas para desvelar. Al hacerlo, no solo mejoramos nuestra perspectiva, facilitamos la de quienes están en edad de aprender cómo desenvolverse en la vida para que vean la variedad y la diversidad como riqueza, como algo que nos hace ser mejores personas, colegios, ciudades, países, especie. Cuanto más sepamos de mujeres, de hombres, de las diferentes etnias, culturas, países, idiomas, religiones; cuanto más diversos son los cuerpos, las edades, las pieles, las creencias, más fina puede ser nuestra comprensión del mundo, más posibilidades de aprender. Cuando enseñamos desde la cuna que la diversidad es buena, que cuantos más —cuantas más— mejor, hemos ganado en civilización. Ahora nos queda el trabajo de construir realidad de la posibilidad.

## CAPÍTULO 9
## TRADUCIENDO A MI (TU, SU, NUESTRO, VUESTRO) SEÑORO INTERIOR

> Durante el franquismo, por ejemplo, la lengua era franquista, franquista y beata, olía a cuartel y a sacristía y a cirio y a letrina de barracón castrense[97].
>
> JUAN JOSÉ MILLÁS

Al escribir los capítulos anteriores he tenido que enfrentarme a algunas de esas frases hechas que nos acuden a la mente, a la lengua o a la tecla. Cuando están ahí parecen insustituibles. No hay nada que parezca expresar mejor lo que querías que esa primera palabra, o frase. Me pasó en el capítulo cuarto. En cierto momento escribí: "Llegados a este punto". Me di cuenta de inmediato, qué menos que pillarme a mí misma si me paso el día buscando fallos ajenos. ¿Llegados? No, esto hay que decirlo de otro modo. ¿Llegadas? No, estás hablando de personas, pero no has escrito la palabra, no puedes concordar en femenino a tu bola (mi señoro interior es muy coloquial, como veis). La conversación siguió más o menos así:

—Si dices llegadas, además, solo incluye a lectoras —me dice el señoro inflando el pecho.

Y yo:

—Bah, ni tan mal, son ellas las que llenan auditorios, conferencias, librerías cuando firmo, aulas, cursos, son mujeres las que me escriben.

El señoro, con cara de ¡jaque!, me susurra:

—¿Y este libro no va de evitar discriminaciones? ¿Ahora estamos con la revancha?

Yo sé que no es revancha, sé que es un modo de crear incomodidad, de hacer reflexionar pero ¿podrá entender todo el mundo

---

97. Juan José Millás: "Otra lengua", columna en *El País*, 23 de marzo de 2012.

que esa es la intención? Y si lo entienden, ¿sabrán manejar esa incomodidad? ¿Llegaré solo a personas que ya saben y entienden? ¿Sabré exponerlo con claridad cuando acaban de llegar y quieren interiorizar y aprender?

Si algo he asimilado es que ese patriarca interior —que en temas de lenguaje se transforma en señoro fundacional de la RAE con levita, monóculo y puro— solo salta cuando se ve acorralado. Cuando sabe que estoy a punto de dar con la solución. Eso lo sé ahora, tras años de tenerlo como enemigo íntimo, intentando acobardarme con cada recurso no sexista, inclusivo. Encienda el puro y saque el brandi (Soberano, que es cosa de hombres), señoro mío, que —si de acobardarme se trata— la cosa va para largo.

"Una vez en este punto", aparece en cabeza. Reviso la frase anterior, escribo la siguiente. Lo releo todo. Me gusta incluso más porque no he usado un lugar común, una frase hecha. El señoro se ha largado dejando un tufillo a rancio y a polvo. Abro la ventana para que ventile y sigo a lo mío.

Esto es así cada vez. Mil conversaciones entre lo que mi piloto automático lingüístico propone y mi deseo de comunicar necesita. No es solo una negociación, es una búsqueda incesante. De palabras, de giros, de expresiones, de conectar frases, de pensar qué quiero exponer y cómo. De proponerme ver más allá.

No difiere en nada de la búsqueda del adjetivo exacto o de la metáfora menos manida. Estas conversaciones mentales las tiene cualquiera que escriba de forma profesional o aficionada, a solas o entre sí, millones de veces. Son parte del proceso creativo. Dudamos entre una coma o un punto y coma; entre empezar con una frase u otra, en si cerrar o no definitivamente una idea aquí o allá.

Mi empeño es mostrar a quienes me leen y me escuchan que hay una forma inclusiva de hablar y que solo depende de dos cosas: la voluntad que se tenga de incluir y las capacidades lingüísticas de cada quién. Una vez se pone la voluntad, las competencias lingüísticas se amplían si no se tienen. ¿Hay que hacer un pequeño esfuerzo? Sí, nadie dijo que fuese sencillo. Necesitamos repensar el mundo para poder renombrarlo, pero no es imposible, no es difícil, no es ridículo y, desde luego, no es innecesario.

Las estrategias están en modo "ensayo clínico", como las vacunas. Con el coronavirus hemos visto cómo, para un problema nuevo, las soluciones iniciales necesitan un proceso de estudio, de ensayo y error. Y, cuando parece que se ha conseguido, brotan variantes que hacen las propuestas —inicialmente válidas— ineficaces. Algunas de esas propuestas originales contra el sexismo en el lenguaje —la barra, la arroba, la equis, el asterisco— soportan bien el papel pero son engorrosas en otros formatos (oral, lengua de signos...). Además, las personas con discapacidad nos dan un merecido tirón de orejas: por ahora no son traducibles con facilidad por aplicaciones de lectura automatizada (esto se podría arreglar si la Academia admitiera dar un valor gramatical a esos símbolos para que se interpretaran de forma inequívoca, como pasa con interrogaciones, exclamaciones, comas, puntos...). Se empiezan a mirar otras realidades e intentar abarcarlas. Estamos ante los primeros intentos de lenguaje inclusivo.

Otras, como el desdoblamiento, tienen tan buena acogida que llega un momento en el que parecen morir de éxito: se identifica la totalidad del lenguaje inclusivo con el desdoblamiento, sea para detractarlo o defenderlo, y dejan de buscarse alternativas con las consecuencias que ya conocemos. (¿Ven? No necesité decir que *todos y todas conocemos*). Se hacen nuevos intentos de inclusión añadiendo vocales al dúo, lo que arrecia las críticas.

La feminización de profesiones, tras una época de auge, en la que incluso entran en masa a los diccionarios canónicos, parece de capa caída. "¿Qué más queréis? Ya os hemos dado el capricho, ¿ahora va a haber que feminizar todo?". La pregunta es otra: ¿por qué tendríamos que supeditar estar o no presentes en el imaginario colectivo a una norma gramatical?

Hay un refrán español que alude a la facilidad para desdecirnos alegando las excusas más peregrinas. Es "donde dije 'digo', digo 'Diego', pero volveré a decir 'digo'". Es como lo de "estos son mis principios y si no le gustan, tengo otros".

Excusas peregrinas son también las falacias contra el lenguaje no sexista y el inclusivo que nos lanzan no hombres enfadados porque aman las lenguas que hablan, sino hombres enfadados con las reivindicaciones de las mujeres, sean estas las que sean. Estén en el idioma que estén. Sé que he repetido que no hay un listado de palabras mágicas que hacen una frase inclusiva. Aun a riesgo de parecer incoherente, dejaré aquí una recopilación de trucos y expresiones comunes que a mí me sirvieron de apoyo para atravesar ese segundo —y en ocasiones empinado— escalón de los tres que considero que hay que transitar hasta dominar el difícil arte de no discriminar al comunicarnos. ¡Ojo! He dicho para transitarlo, ¿eh? No te quedes en ellas o nunca llegarás al tercero.

Primero, dos recordatorios generales:

1. La vida no es neutra. El mundo no es neutro. No hay nada neutro a la hora de nombrar a las personas porque no hay nada neutro respecto al sexo en la sociedad. El sistema patriarcal, nos guste o no, está organizado alrededor de la división sexual. No tenerlo en cuenta beneficia al sistema. Incluso para romper esa división hemos de tenerla presente, como cuando miramos por los retrovisores los vehículos a los que adelantamos por una autopista: no queremos quedarnos a su altura, no queremos ocupar su lugar, pero necesitamos no quitarles ojo, al menos, hasta que el obstáculo haya sido superado. Y estamos muy muy lejos de superarlo.

No existe flexión propia de GÉNERO NEUTRO en español, por lo que la concordancia en neutro es indistinguible de la concordancia en masculino (*GRAE*, 13.5.n).

Ten presente esto: hasta que no hayamos completado nuestro aprendizaje (si es que acaba alguna vez), la máxima de nuestro señoro de la RAE interior será "a falta de referente, traduce en machirulo".

2. Tenemos derecho a nombrarnos y definirnos; a dar significado a las realidades que nos afectan. No tenemos derecho a forzar que terceras personas acepten las etiquetas ni a imponer la invisibilización. Y eso vale para cualquier persona, pertenezca a grupos mayoritarios o a colectivos mínimos. Por eso es ridículo que

se argumente por quienes nos imponen el masculino genérico (que esconde) y censuran el femenino sistemáticamente que el lenguaje no sexista (que muestra) sea censura o imposición. No pretendemos esconder la realidad de los varones, ni definirla, solo reivindicamos el derecho a mostrar la de las mujeres —en el lenguaje no sexista—, la de colectivos en situación de discriminación histórica —en el lenguaje inclusivo— y dotarlas de contenido más allá de la ancestral conceptualización masculina. De la misma forma, no podemos negar que colectivos minoritarios definan su realidad, pero estamos en nuestro derecho de rechazar determinadas etiquetas.

En estos consejos, o en los anteriores, no se trata de "esconder" el lenguaje no sexista, ni el lenguaje inclusivo. Se trata de que podamos elegir si queremos o no que de nuestro mensaje se recuerden la forma, el fondo o ambas.

¿Queremos que escuchen todo lo que decimos o que se recuerde la reivindicación política que supusieron un "desdoblamiento", o un "triplete"? ¿Podemos hacer que ambas vertientes de nuestro mensaje sean patentes? ¿Queremos seguir afianzando la creencia falsa de que la inclusión va de vocales o normalizar el uso sin desgastarnos en disolver o minimizar las resistencias? Sin opciones no podremos tomar la decisión. Y sin decisión no hay libertad. ¿No utilizamos lenguaje no sexista porque no queremos o porque no tenemos suficientes herramientas? Si para alguien la corrección gramatical es importante y cree que el lenguaje no sexista atenta contra ella no lo usará. No pensará en ello siquiera. Si sabe que puede hacer justicia y hablar correctamente, ¿se lo planteará? Posiblemente sí, porque apenas hay personas que no deseen pensar de sí mismas que son justas en todo aquello en lo que pueden serlo.

Las siguientes son algunas de las tácticas que he adquirido con el paso del tiempo. Son útiles si hay puntos que no has tenido tiempo de detectar y trabajar. Funciona muy bien tomar cada apartado como un ejercicio semanal y fijarse si en algún momento se necesita esa observación, e ir añadiendo poco a poco. Quizás las soluciones no sean inmediatas, posiblemente nuestro señor interior no va a dar abasto y te vas a reír bastante. Ponle nombre (al señor) y mándale callar cada vez que saque el puro. Así serás mucho más consciente de que es una voz externa y no es la única, puedes decidir.

## FRÍO, FRÍO

Qué evitar. Invisibilización, jerarquización, perpetuación de marcos conceptuales hegemónicos. Si aprendemos a detectarlo en las mujeres veremos, a través de herramientas lingüísticas, cualquier otra discriminación que se nos acerque, pero si no empezamos por ellas difícilmente las veremos, porque tenemos demasiada costumbre de no notar su ausencia.

Algunos consejos generales:

- No es necesario extender la flexión en género a cada elemento personal. *Los empleados y las empleadas gallegos y gallegas están descontentos y descontentas por haber sido instados e instadas, e incluso obligados y obligadas, a declararse católicos y católicas*[98]. Esta vez no dejo traducción, queda como tarea para casa.
- No uses "hombre" como sinónimo de "ser humano", "humanidad" o "especie humana".
- Evita la cosificación de las personas. Es mejor *los pueblos nómadas se trasladaban con sus enseres* y no *los pueblos nómadas se trasladaban con sus enseres, mujeres y niños* (claramente, mujeres y niños son parte del pueblo nómada, no de los enseres, pero si se ponen detrás...).
- No distingas entre "señoras" y "señoritas", la información acerca de la edad o el estado civil, y su reflejo en el lenguaje, se han hecho solo para las mujeres, por lo tanto son sexistas.
- No hables de las mujeres en función de sus acompañantes masculinos, de los varones de sus familias. No musas, no novias de, ni *"Ama de casa" le gana el Nobel a Murakami* o *No*

---

[98]. Olga Castro en "Rebatiendo lo que otros dicen de lenguaje no sexista" en María Martín: *Ni por favor ni por favora*, Los Libros de la Catarata, 2019.

fue Murakami: el Nobel de Literatura, para una canadiense, ni *La vida olvidada de la primera esposa de Einstein*. El ama de casa canadiense era Alice Munro, la primera esposa Mileva Marić".
- Nada de decir "personitas" a colectivos o grupos humanos. La expresión se ha puesto de moda para aludir a niñas y niños, a mujeres en situación de trata, a personas adultas mayores, a las ancianas, a personas con discapacidad, a minorías y ¡oh, sorpresa! rara vez para referirse a hombres adultos de mediana edad. Es una expresión infantilizadora que se no se usa de forma simétrica y, por lo tanto, discriminante.
- No uses "mujeres" como aposición redundante. Decir *mujeres profesoras*, *mujeres abogadas* o *autoras mujeres* (o ya que te pones *autores hombres* o *abogados hombres*) es sexista. Si es femenino, ya es una mujer. Si es masculino, añadir "hombre" (aunque rara vez se hace), refuerza la idea de que el masculino puede ser usado como genérico.
- No uses "la mujer" como singular alegorizante. Mejor aún, no uses singulares alegorizantes ("el sur", "el enemigo", "el nacionalista", "el musulmán", "el judío").
- Cuando hombres y mujeres en un mismo campo (o familia) tengan profesiones relevantes, no jerarquices. Ejercicio: ¿cómo dirías *Robert Schumann fue un genio y su mujer, Clara, una excelente compositora* sin subordinar la una al otro?
- No refuerces los marcos conceptuales hegemónicos: hombres-espacio público, mujeres-espacio privado, adolescencia problemática, ancianidad como caducidad o ruina (*jubiladas, estudiantes, profesoras y otras voluntarias se ofrecen a acoger personas refugiadas de Afganistán*).
- No excluyas a las mujeres o grupos minoritarios del conjunto de la población sin justificación, menos si se genera ambigüedad.
- Nada de palabras como "postrada, atada" para nombrar a las personas con discapacidad sin movilidad ni "encadenadas" si necesitan ayudas mecánicas externas.
- No tengas miedo de desdoblar, hasta Pérez Reverte lo hace. La norma gramatical no solo permite sino que recomienda

utilizar la flexión en género masculino y femenino si el uso genérico puede generar ambigüedad. (O, aunque desdoble, no seas como Pérez Reverte).
- Para referirte a personas con discapacidad evita expresiones del tipo "sufre de" o "padece" y vocablos que impliquen pasividad, tales como "víctima". "Tiene" es suficiente. Las personas "tienen" discapacidad, no "son" discapacitadas.
- No digas "lenguaje" de signos, la expresión correcta es "lengua de signos".

Ah, ¡dejen ya de decir "personitas"!

## CALIENTE, CALIENTE

Qué hacer. Nombrar de forma expresa siempre que sea posible, no anteponer sistemáticamente categorías (siempre delante lo masculino, siempre delante lo que consideramos bueno, siempre delante lo que parece "normal" a nuestra sociedad), no cosificar (no mostrar a las personas por partes —"barriga" por embarazada, o "gafas" para una persona que las necesita, por ejemplo—), no identificar a una persona con su discapacidad o con una parte de su cuerpo ("coja" por persona con cojera).

Algunos consejos generales:

- Si quieres dejar claro de quién hablas cabe la posibilidad de hacer una apostilla ("tanto hombres como mujeres").
- Puedes echar mano de un modificador restrictivo que aclare la extensión del grupo nominal ("sin distinción de sexos", "sobre todo los varones presentes").
- Nombrar a las mujeres como sujeto activo de la frase. En vez de "Juana Pérez ha sido nombrada vocal del Tribunal", puedes decir: "Juana Pérez ocupará el cargo de vocal del Tribunal".
- Haz tratamientos simétricos. Si para citar a un hombre empleas nombre y apellidos, no uses para las mujeres solo su nombre.
- Feminiza las profesiones cuando las terminaciones no sean comunes al género. Existen las juezas, las fiscalas; si

existe "albañila" para referirse a las abejas, ampliar el uso a personas no es descabellado si la palabra existe. Si "coronela" es "la mujer del coronel" y "coronela" es la Virgen del Pilar, la lengua no se va a destruir porque digas coronela, pilota o árbitra. Mucho menos si usas los femeninos reconocidos y recomendados por la Academia (que nos da igual, pero nos vale como argumento frente a quienes necesitan su sellito de *señoropureza*): jueza, médica, abogada, ingeniera, técnica. Nombrar en masculino no es más prestigioso, es, simplemente, más sexista.

- Las jerarquías militares, generalmente, tienen una denominación que está recogida en la ley. Podemos feminizar esos cargos siempre que no estemos refiriéndonos al nombre oficial de ese puesto en el escalafón excepto, en España, en la Policía Nacional, donde la Ley Orgánica de Régimen de Personal de 2015 incorporó para este cuerpo policial lo siguiente: "En el supuesto de corresponder a una mujer la titularidad, la nomenclatura de las Categorías será la siguiente: Comisaria. Inspectora. Subinspectora".
- Si el contexto no deja suficientemente claro que se incluye a mujeres y hombres, usa fórmulas desdobladas. Los *votantes, mujeres y hombres, de todas las circunscripciones* [...].
- Omite el determinante: "votantes de todas las circunscripciones", "jóvenes" mejor que "los jóvenes", "adolescentes" mejor que "los adolescentes".
- Expresa la frase de otro modo: "Mujeres y hombres votaron en todas las circunscripciones [...]".
- Acuña, que algo queda. "Género" en su acepción sociológica, el nuevo sentido (aún no incluido) de "patriarcado" como sistema de opresión; "monomarental" para las familias con una sola mujer al frente, u otras más divertidas pero igual de significativas como *señoro* (machista encantado de serlo), *machirulo* (señoro agresivo en sus formas) o *pollagrís* (señoro que además de machista tiene una especial querencia por la feminidad del pasado). Hasta verbo tiene, *señororear*, que es hacer cosas de señoro. Acuñar es

algo que cualquier hablante puede hacer. Y ya serán el resto quienes decidan si la palabra gusta, se usa y queda incorporada a otras de vida más o menos larga en nuestra lengua, o pasa sin pena ni gloria.
- Si vas a ser madre, o padre, y no decidirás a solas sobre el orden de los apellidos, habla de ello con tu pareja. Resuelvas lo que resuelvas que sea fruto del consenso y no de la costumbre. Ah, "es que nos daba igual", pero acabar poniendo delante el que no es el tuyo deja muchos hilos sueltos.
- Ten cuidado con el orden. ¿Siempre delante el masculino? Dale una vuelta de vez en cuando.
- Si usas pares antagónicos (a veces son antónimos, aunque no siempre) para definir ciertas situaciones "esto no es ni blanco ni negro", "ni machismo ni feminismo" ¿Pones delante lo que te parece bueno de forma sistemática? ¿Coincide con lo considerado generalmente bueno, normal...? Si lo haces, varía el orden de vez en cuando, te hará pensar desde otro lugar.
- Si vas a usar el masculino genérico, que no sea para subordinar lo femenino o a las mujeres. Por ejemplo, si no dices "las médicas" para referirte al conjunto de médicas y médicos, no digas "los médicos y las enfermeras". Hoy, que hay más médicas que médicos, destinar el masculino para toda la profesión no da más prestigio a las mujeres, discrimina.
- Al insultar evita expresiones que incluyan grupos vulnerados socialmente. Sí, sé que insultar está feo, pero ¿quién no lo hace?
- No uses palabras que menosprecian a las mujeres: *zorra*, *lagarta*, *arpía*, la omnipresente *puta* (ni *hija/o de puta*, que es un insulto dos por uno), piensa en el distinto significado de *coñazo/pollazo*. Y así, cada vez hasta que te chirríen.
- Cuando se trata de grupos mixtos, utilizar colectivos: *el alumnado*, *la población*, *el personal*, *el electorado*, etc.
- Evita el uso de *el*, *los*, *aquel*, *aquellos*, seguidos del relativo *que* con sentido general. Es preferible "quien sepa leer entre líneas" a "el que sepa leer entre líneas".

- Cambia el sujeto. En lugar de recurrir a la tercera persona del singular, hazlo a la segunda (*tú* o *usted*) o la primera del plural sin mencionar el sujeto: "Si usted posee un abono" en lugar de "el abonado podrá". También podría ser "la persona abonada", claro.
- Prefiere formas neutras como pareja, relación o cónyuge en lugar de novio o novia; marido, esposo o esposa, evitando suponer heterosexualidad. "Pueden asistir con sus parejas" en lugar de "pueden asistir con sus novias".
- En la escritura formal o administrativa, cuando se desconozca si el mensaje será recibido por un varón o una mujer es válido valerse de las barras diagonales o el paréntesis en los vocativos: *estimado/a, interesado(a)*.
- Para dar instrucciones u órdenes el uso de "para + infinitivo" puede ser de mucha ayuda. "El viajero deberá obtener su *ticket* en taquilla" puede ser "para obtener su *ticket* diríjase a taquilla" o "si estás interesado en contactar con nosotros, llama al teléfono..." por "para contactarnos".
- Las mujeres no somos un colectivo, somos la mitad de la sociedad. Y aunque una sola persona tiene derecho a ser nombrada de forma no discriminatoria, olvidar o silenciar a la mitad de la sociedad es un problema enorme de salud democrática.
- Nombra a las personas por sí y no por su relación con otras: *la mujer de, el hijo de, la pareja de, la musa de, la próxima* (y se compara con un hombre...).
- Trata de forma simétrica a mujeres y hombres (si ellas son azafatas ellos no son auxiliares de vuelo).
- Es cosificador identificar una parte con el todo de lo que la persona es: no hay cojas, cojos y cojes, sino personas con cojera. Ah, y ya que estás, si vas a aplicar una nueva vocal para romper el orden hegemónico, no la dejes para el final, criatura.
- Piensa cada "todos" que dices (o cada todas, todes y todos y todos y todas, lo que quiera que digas, si lo dices). ¿Hacía falta? Te darás cuenta de que el 90% de las veces sobra (y era a lo que más se buscaba alternativas cuando la alternativa era: ¡tachán! La economía del lenguaje, todos fuera. ¡Nooooo, ustedes no, la palabra "todos").

- Aprovecha que podemos eludir el pronombre personal con los tiempos verbales. Quitar un "nosotros" o "vosotros" hace muchos textos o frases inclusivas sin mucho más trabajo. Otra de las palabras a las que se buscaban alternativas, quítala, caramba, ya verás qué bien te queda.
- No des por hecho que todas las discapacidades son externas. Aproximadamente el 80% de ellas son inapreciables desde fuera.
- Cuidado con las x, @, * o vocales que se presentan como aparentemente neutras. Recuerda, en la cultura actual neutro será interpretado como masculino en ausencia de referentes. Y, además, posiblemente haya aparatos de lectura automática que no los descifren y las personas con discapacidad visual se queden sin traducción.
- Quienes han sufrido violencia machista o de otro tipo, no son víctimas eternamente, son "sobrevivientes" una vez la han superado.
- Si no decimos "la vecina blanca del quinto siempre me da los buenos días", ¿por qué si decimos "la vecina negra del quinto siempre me da los buenos días"? O, ¿por qué usamos eufemismos como la vecina "de color"? ¿Acaso creemos que nuestra propia piel no tiene un color, qué somos, gentes incoloras a las que se unen otras que sí vienen coloreadas? El paralelismo con el masculino como genérico es evidente. Ah, tampoco perpetuemos el cliché infantilizador asociado al "buen salvaje" empleando diminutivos: "La negrita del quinto siempre me da los buenos días". Si no sabes su nombre, piensa cómo explicarías quién es si fuese alguien de tu misma procedencia. ¿Por la altura? ¿Por el pelo? ¿Por la hora a la que toma el ascensor? Pues lo mismo.
- Habla a niñas, niños con naturalidad y de acuerdo con sus capacidades de comprensión.
- Las palabras *vieja* o *viejo* solo significan, aplicadas a personas, 'de mucha edad', no las uses de forma despectiva ni las tomes a mal si no se dice en ese sentido. Contribuirá a que dejemos de asimilarlo con decrepitud y malestar para ser solo lo que siempre debió ser, una descripción.

- No hables a las personas mayores como si fueran criaturas de tres años. Quizás no estén al 100% pero son personas adultas.
- No llames "abuelas" o "abuelos" a quienes no sepas si, realmente, lo son. Un ejemplo: un tuit del diario español *El País* del 20 de enero de 2020. "Solo uno de cada tres mayores que viven en residencias recibió alguna visita en Navidades. Además, menos del 16% salieron a cenar en Nochebuena o Nochevieja. Un estudio constata con datos que las familias cada vez hacen menos caso a sus abuelos". Podría haber sido: "Solo una de cada tres personas adultas que viven en residencias recibió alguna visita en Navidades. Además, menos del 16% salieron a cenar en Nochebuena o Nochevieja. Un estudio constata con datos que las familias cada vez hacen menos caso a sus mayores".
- Observa qué parámetros usas para marcar la edad en mujeres y hombres, si son asimétricos, equilíbralos. La prensa nos deja muchos ejemplos: "Un joven de 30 años y una mujer de 18, víctimas del accidente ferroviario de la pasada noche". ¿Joven de 30 pero mujer de 18? ¿No falla algo ahí?
- Evita la reiteración de diminutivos cuando te diriges a colectivos que consideras con menos habilidades que tú (bueno, esto para cualquiera, por favor), los infantilizas.
- No uses el plural para incluirte en las experiencias de personas ancianas, enfermas o con alguna discapacidad (*¿Hemos ido al paseíto hoy?*), salvo si te has olvidado de si fuiste y quieres que te lo recuerden, claro.
- No grites a las personas de edad como si todas tuvieran sordera. Si crees que no te escuchan, pregunta y ajusta el volumen de tu voz (esta regla es extensiva para cualquier persona, porque nunca sabemos la calidad auditiva de quienes tenemos al lado o enfrente).
- Frases como "a una señora no se le pregunta la edad", "los cincuenta son los nuevos treinta", "vistes como una abuela (o como si tuvieras veinte años menos)" o "estás estupenda para tu edad" identifican avanzar en la vida con algo a evitar. Contribuyamos a ver la madurez, la vejez y la senectud desde otras perspectivas.

Una vez que has dejado constancia de a quién te refieres, sea mediante apostillas, con aclaraciones, mediante flexión en género o cualquier otro método (y sean personas con discapacidad, trans, migrantes, de una edad determinada; mujeres, hombres o cualesquiera otra parte de la sociedad o colectivo en ella) puedes hacer uso de palabras o expresiones que sustituyan al masculino genérico. Te dejo algunos ejemplos que suelo encontrarme en el desempeño profesional, tanto de palabras como de frases hechas muy comunes en el lenguaje empresarial, administrativo, o jurídico.

## ALGUNOS EJEMPLOS PARA SUSTITUIR EL MASCULINO GENÉRICO

Abogado[99] = Representante legal.
A todos los que = A quienes.
Accionistas (los) = Accionariado (el).
Aficionados y socios = La afición, socia o no, (...).
Alcalde = Alcaldía.
Alumnos = Alumnado, estudiantes (sin determinante), el estudiantado (con determinante).
Americanos = Población americana/ciudadanía americana.
Amigos = Amistades.
Antepasados (los) = Ascendencia.
Autónomos = Profesionales en régimen autónomo, régimen laboral autónomo.
Autores = Autoría, quien firma.
Bienvenidos = Hola, damos, doy la bienvenida, Mi/nuestra bienvenida.
Padre de familia = Cabeza de familia.
Cada uno = Cada cual, cada quién.
Concejal = Titular de la concejalía, la concejalía.
Comprometidos = Tienen un compromiso, con compromiso.
Congreso de los Diputados = Congreso.

---

99. En el caso de las profesiones del mundo jurídico el uso de sinónimos no es siempre jurídicamente preciso, por lo que la sustitución debe hacerse tras el análisis de cada caso concreto.

Consejo de Ministros = Consejo Ministerial[100].
Consumidores = Consumo, quien consume.
Ciudadanos = Ciudadanía, nacional, con nacionalidad.
Cliente = Clientela, quienes compran.
Competidores = Competencia, empresas competidoras.
Decano = Decanato.
Diputado/s = Diputadas/os; diputadas, diputados; congresista.
Director/es = Dirección.
Diversidad funcional = Discapacidad.
Doctores = Hospital ("le dijeron los doctores" = "le dijeron en el hospital").
Dueño = Propiedad.
Editor = Persona encargada de la edición, editorial. Responsable de la edición.
El que = quien.
Empleado = Persona empleada.
Empleados = Personal, plantilla, quienes trabajan.
Empresario = Titular de la empresa.
Empresarios = Empresariado.
Escritores = Escritoras, escritores.
Españoles = Las gentes españolas, la población española, quienes residen en España.
Expertos = Gente experta, quienes saben.
Famosos = Gente famosa/ gente VIP, famoseo.
Farmacéuticos (los) = Cuerpo farmacéutico (el).
Fiscal = Titular de la fiscalía, la fiscalía (cuando se posible).
Gerente = Gerencia.
Habitantes = Población.
Hijos = Descendencia, criaturas, peques.
Hombre (genérico) = Ser humano, humanidad, persona o varón, según corresponda. Persona, para referirse a la especie humana y varón para el sexo masculino.
Indígenas (los) = Población indígena.
Indigente = Sin hogar, en situación de calle.

---
100. Cambian los nombres de los ministerios, se dividen o multiplican sus funciones, cambian gobernador civil por delegado o subdelegado de gobierno, ¿y no puede cambiarse el consejo de ministros por consejo ministerial?

Inmigrantes = Personas migrantes, refugiadas o solicitantes de asilo.
Interesados = Con interés.
Investigadores = Personal de investigación, personal investigador.
Invitados = Personas invitadas, asistencia.
Jefes (los) = Jefatura.
Juez/ces = Juzgado/s, judicatura.
Lectores = Quienes leen.
Legislador (el) = Quienes legislan, la legislación.
Letrado = Asistencia letrada.
Los que piensan que = Quienes piensan que.
Los demás = El resto de la gente, otras personas, el resto.
Magistrado/s = El tribunal, las o los miembros, tribunal/ tribunales, magistratura.
Médicos = Personal médico.
Muchos piensan = Como mucha gente sabe, mucha gente piensa.
Niños = Población infantil, niñez, infancia, criaturas, menores (con atención al contexto), criaturas, peques, bebés. En estos casos cuidado con los determinantes que son los que marcan el género (bebés es común, los bebés es masculino, las bebés femenino).
Otro/s = Otras gentes, otras partes, la otredad.
Para todos = Para quien sea, para todo el mundo, para cualquiera.
Políticos = Clase política.
Ponentes (los) = Ponencias, ponentes (sin artículo).
Presidente = Presidencia.
Profesores = Profesorado.
Proveedores = Proveeduría, aprovisionamiento, empresas proveedoras o, simplemente, proveedoras (por coherencia, pues son empresas, entidades, maquilas, fábricas, organizaciones, personas... términos femeninos todos ellos los más generales, excepto si previamente se hace referencia a términos más específicos como talleres).
Redactores (los) = Redacción.
Socios = Personas asociadas, accionistas (cuando proceda).
Sin papeles = En situación administrativa irregular.
Sí mismos = Cada cual.

Teniente de alcalde = Tenencia de alcaldía.
Todos sabemos = Sabemos, todo el mundo sabe, de sobras es sabido.
Trabajadores = Personal, equipo, plantilla, personas trabajadoras, quienes trabajan.
Traductor = Responsable de la traducción o traducción de.
Usuarios = Usuariado.
Vecinos = Vecindario, vecindad, comunidad.
Viajeros = Quienes viajan.
Viejos/as = Personas ancianas, población adulta mayor.
Voluntarios = Voluntariado.
Votantes = Electorado, personas llamadas a las urnas, quienes votan.

## CAMBIAR EL LENGUAJE PARA CAMBIAR EL MUNDO

Desde Ludwig Wittgenstein o Julia Kristeva para el inglés —y sin el menor enfoque feminista— a Mercedes Bengoechea o Eulalia Lledó hoy, para el español o el catalán —y con un profundo enfoque de género—, hay un acuerdo acerca de cómo el lenguaje contribuye a hacernos pensar de un modo determinado, a transmitir una forma determinada de ver y estar en el mundo, a interiorizar unos valores u otros. Para entenderlo mucho mejor os recomiendo mucho a las que yo llamo en mi cabeza las tres tes: Teresa Meana, Teresa Moure y Teresa Maldonado Barahona.

Sean estas u otras, es grande el consenso acerca de cómo cambiar el lenguaje puede contribuir a cambiar el mundo (a mejor o peor), a hacer pensar en consonancia con unas ideas u otras, a acelerar cambios o a perpetuar inequidades (cualquier libro de Victor Klemperer, que explica desde una perspectiva filológica su periodo en campos de concentración nazi es imprescindible).

Si tenemos la voluntad de cambiar tenemos el derecho, como hablantes, de hacerlo y —si ello conviene a nuestros intereses— incluso por encima de la norma gramatical; en ningún contexto posible la norma gramatical es prioritaria frente a los valores de la igualdad y la justicia.

Porque la lengua no se hace solo en artículos dominicales; tampoco en las giras promocionales de quienes escriben libros contra el lenguaje no sexista que dejan ver con claridad que saben poco de sexismo y que de lenguaje deben de saber por el estilo; menos aún en informes —solicitados o no— llenos de contradicciones y faltas de rigor empírico que sonrojan a cualquiera que entienda algo del asunto.

La lengua la hacemos hablando. Y, de nuevo, no lo digo yo (que bien podría decirlo con la misma seguridad sin el apoyo de alguien que opine lo mismo). Y en esto no estoy sola. Lo dice también (ya ven que una se junta con todo el mundo, que no se diga), por ejemplo, el director de la RAE en el momento en que escribo: Antonio Muñoz Machado:

Bueno, si realmente alguna de esas fórmulas se repite tanto que se convierte en lenguaje ordinario de una mayoría de los españoles tendrá éxito y se incorporará a nuestro lenguaje ordinario, claro que sí. Todos y todas, por ejemplo, está teniendo bastante progresión. [...] Si todos nos empeñáramos [en usar] otras, otros y "otres", si todos utilizáramos padre, madre y "adre", al final esas palabras prosperarán y se incorporarán al lenguaje.

Todas las palabras son parte de la lengua. No necesitan ser usadas para incorporarse a ella (y al lenguaje menos). Si acaso, se incorporarán o no a los diccionarios. Esto de creer que las palabras del diccionario SON la lengua es muy de la RAE.

Por mi parte, deseo de corazón que hayan podido entenderme a pesar de que he usado en todo momento un lenguaje no sexista. Si han cazado algún masculino genérico ha sido el corrector.

Y si no fue él, ya saben, la culpa es del protoindoeuropeo.